白俄罗斯驻华大使回忆录

阿纳托利·托济克◎主编
贝文力 余源 崔传江 褚婧汝◎译
王宪举◎校

当代世界出版社
THE CONTEMPORARY WORLD PRESS

版权登记号：01-2021-0215 号
图书在版编目（CIP）数据

白俄罗斯驻华大使回忆录 /（白俄）阿纳托利·托济克主编；贝文力等译. - 北京：当代世界出版社，2021.11
ISBN 978-7-5090-1585-8

Ⅰ. ①白… Ⅱ. ①阿… ②贝… Ⅲ. ①中外关系-国际关系史-史料-白俄罗斯 Ⅳ. ①D829.511.4

中国版本图书馆 CIP 数据核字（2021）第 232122 号

书　　名：白俄罗斯驻华大使回忆录
出 品 人：丁　云
策划编辑：刘娟娟
责任编辑：魏银萍　姜松秀
封面设计：武晓强
版式设计：韩　雪
出版发行：当代世界出版社
地　　址：北京市地安门东大街 70-9 号
邮　　编：100009
邮　　箱：ddsjchubanshe@163.com
编务电话：（010）83907528
发行电话：（010）83908410（传真）
13601274970
18611107149
13521909533
经　　销：新华书店
印　　刷：北京中科印刷有限公司
开　　本：710 毫米×1000 毫米　1/16
印　　张：12
字　　数：178 千字
版　　次：2021 年 11 月第 1 版
印　　次：2021 年 11 月第 1 次
书　　号：ISBN 978-7-5090-1585-8
定　　价：58.00 元

目录 Contents

序言一

尼古拉·斯诺普科夫

尊敬的读者们，亲爱的朋友们！

非常高兴通过《白俄罗斯驻华大使回忆录》一书向中国朋友们致意。

现在我能够自豪地把这本书的作者们称作自己的同事：因为2020年的2月至6月我有幸在白俄罗斯共和国驻中华人民共和国特命全权大使这一崇高岗位上工作，之后因为白俄罗斯政府另有任命，我提前离任回国履新。

我长期担任白中政府间合作委员会白方主席，又在驻华大使的岗位上与使馆团队一起，继续为发展白中两国之间的关系作出自己的贡献。白俄罗斯共和国总统亚历山大·格里戈里耶维奇·卢卡申科对我高度信任，赋予重大使命，中国朋友们也对我真诚帮助，赋予无穷力量，这一切使我能够取得新的成绩，为白中两国的“铁哥们情谊”和“全天候伙伴关系”添砖加瓦。

2020年在大使这个全新的、颇有意义的岗位上的13周使我能够从一个新的角度看待中国。原先我以为已经很了解这个国家，但是智慧的中国和中国人民又向我展示了不曾看到的另一面，这些感受和经历将永远珍藏在我的记忆中。

我担任大使期间，正值新冠肺炎疫情在中国和世界范围内肆虐。今天，我们可以自信地说，在抗击疫情的斗争中，白俄罗斯和中国为现代国际关系树立了典范，两国人民用实际行动表明他们能够休戚与共。

中国有句话：“一年之计，莫如树谷；十年之计，莫如树木；百年之计，莫如树人。”正是包括我们和你们在内的两国人民，在创造着白中两国关系的历史。

中国还有一句谚语：“前人栽树，后人乘凉。”我们子孙的未来，取决于我们对白中关系发展历史的贡献。

我相信，这本书对于所有参与推动白中两国关系发展的人而言都是具有重要意义和价值的。他们会在书中看到自己，感受到自己与历史事件的联系。我希望本书的读者不仅能了解到有关白中合作的历史，还能对这段历史进行评价，并提出具有实践意义的新想法。

白俄罗斯共和国第一副总理

白中政府间合作委员会白方主席

尼古拉·斯诺普科夫

2020年10月30日　于明斯克

序言二

弗拉基米尔·马克伊

亲爱的读者朋友们！

四分之一世纪在历史长河中只是短暂的瞬间，但是这一瞬间却推动白俄罗斯和中国的双边关系取得了重要进展，并确定了战略合作的方向。

白中关系的迅猛发展，是具有不同实力、不同文化传统、然而精神却相通的国家在各个领域顺利合作的光辉典范。

白俄罗斯和中国建立相互信任、合作共赢的全面战略伙伴关系可谓顺理成章。因为我们不仅在政治上成为战略伙伴，经济领域也达到高水平增长。自建立外交关系以来，两国贸易额增长了100多倍；人文和地区合作逐年加强；在国防、安全、金融、运输等各方面的合作项目正在有序推进。

毫无疑问，这些成就归功于白俄罗斯几代驻华外交官，尤其是各驻外机构的负责人、我们的大使们，是他们一步一步地激发了中国人民对白俄罗斯的兴趣，树立起白俄罗斯在中国的正面形象，进一步增进了两国人民的理解和信任。

这本书使我们有机会从中“窥探”最近25年来白中关系发展的内幕。本书的作者们不仅是“历史的编撰者”，而且是见证历史的关键人物。他们向我们讲述了对白中关系发展的观点、印象和评价。

尊敬的读者们，我希望此书能让您以更广的视野，更新的角度评价白中双边伙伴关系的意义和前景。或许这将勉励大家投身到白中两国的合作中来。

白俄罗斯共和国外交部长

弗拉基米尔·马克伊

2016 年 11 月 25 日　于明斯克

起步·印象·结果

（1992—1995年）

米哈伊尔·沙利莫

作者简介：米哈伊尔·亚历山德罗维奇·沙利莫

1951 年出生于明斯克区奥泽里谢镇（现属明斯克市）一个工人家庭。

1969 年毕业于明斯克市第 94 中学。1975 年毕业于明斯克防空导弹高级工程学校。1984 年毕业于苏联陆军军事外交学院。曾在远东和塔吉克斯坦服役，1992 年因缩编加入预备役，从上校岗位上退役。

1992 年 3 月起在外交部任职。1993—1995 年，任白俄罗斯共和国驻中华人民共和国临时代办。通晓汉语。1995—2004 年担任独联体执行委员会高级顾问、处长，从事维护和平和政治合作问题研究。

2004—2009 年担任“白俄罗斯—俄罗斯汽车运输公司”代表处处长，负责俄罗斯和白俄罗斯国家间联合研发柴油机项目的协调工作。2009 年 6 月起担任“白俄罗斯国际运输”股份有限公司管理局局长，之后又担任“白俄罗斯大宗商品物流”股份公司分析处副处长。2014 年起，以主任专家身份主管东亚和东南亚国家对外经济活动联络，供职于“阿加特—管理系统”股份公司，即“地理信息管理系统”控股公司。

明斯克区议会第 27 届议员。

美好的开端

白俄罗斯共和国与中华人民共和国之间确立外交关系始于 1992 年 1 月 20—24 日，当时部长会议主席 В. Ф. 克比奇率领白俄罗斯共和国政府代表团访问中国。从一开始，年轻的白俄罗斯国家在制定对外政策时就非常注重与中国这个亚洲最大且充满活力的国家建立和发展友好关系。苏联解体后，由政府首脑率领的白俄罗斯共和国官方代表团是独联体国家中第一个访问中华人民共和国的高级代表团。

访问的第一天，即 1992 年 1 月 20 日，双方签署了白俄罗斯共和国与中华人民共和国建立外交关系的协定，这份协定是时任白俄罗斯外交部长 П. К. 克拉夫琴科代表我国政府签署的。同一天还签署了另一份重要文件：政府间经济贸易合作协定。

访问期间，白俄罗斯政府领导人与时任中国共产党中央委员会总书记江泽民、时任中国国务院总理李鹏举行了正式会晤。白俄罗斯政府代表团还参观了深圳经济特区，以及广东省省会广州市和江苏省无锡市。

应当说明的是，白俄罗斯政府代表团成员名单中有首次访问中国的 А. Г. 卢卡申科，当时他是白俄罗斯共和国最高苏维埃人民代表，两年后他成为我们的国家总统。

1992 年，白俄罗斯共和国在走上独立自主的发展道路之后，积极开展建立国家机构的工作，其中包括改组 1944 年就开始运行的外交部。

1992 年 3 月，我被任命为外交部双边关系处二秘。在此期间，外交部还没有任何负责具体国家和地区工作的部门。双边关系处由经验丰富的外交官 В. Г. 夏斯特内领导，当时只有 4 个人，负责与所有建立外交关系国家的联络工作。

我的主要工作方向是与东亚和东南亚国家，尤其是与中华人民共和国发展双边关系。上级作出的这一决定可能是考虑到我曾于 1981—1984 年就读于苏联陆军军事外交学院，对上述地区比较了解并通晓汉语。

◆ 坐落在别列斯江街上的中华人民共和国驻白俄罗斯大使馆大楼。

中国先于我们开始在白俄罗斯共和国的建馆工作。1992 年 4 月，中华人民共和国第一任大使王行达递交了国书。这是白俄罗斯获得主权和独立国家地位后，在其境内开设的第三个外国大使馆。

在王行达大使抵达前，领导中国驻明斯克大使馆工作并处理使馆事务的是于晓钟——中华人民共和国驻白俄罗斯共和国临时代办。在研究明斯克市执行委员会推荐的中国大使馆馆址方案时，我曾有机会与他共事。为了确定馆址方案，我们曾一起考察过德罗兹达别墅、斯塔罗维伦斯克街的独栋建筑和幼儿园旧址房屋设施等。

最终，中方选择了别列斯江街 22 号一个已经关闭的幼儿园旧址楼房及其毗邻的土地。随后，白方将选定的大使馆领地及附属建筑移交给中华人民共和国无偿使用。如今，中华人民共和国大使馆和领事处依旧坐落在别列斯江街改造后的建筑物内，只有大使馆经济商务参赞处和科技处单独设在红军街的外交公寓大楼内。

实　习

1992 年白俄罗斯也开始在中国筹建自己的大使馆。作为建馆工作的第一步，白俄罗斯共和国外交部根据双方商定的意见，在这一年的 11 月将我派到中华人民共和国外交部进行为期一个月的实习。这次实习不是为了完成某项重大的任务，主要是与中华人民共和国外交部的工作人员建立初步联系，熟悉这个国家和北京的生活条件，适应语言环境，获取在日常工作中与中国人独立交流的技能。

在这段时间里，我有幸目睹 20 世纪 90 年代初的中国，这段经历让我终生难忘。尽管当时到处都在大规模修建住宅、行政机关大楼和酒店，搭建道路交通网络，建造公路、桥梁、立交桥以及其他基础设施，然而中国仍是一个别具一格的国家，有着自己悠久独特的历史和民族风貌：古老街区里迷宫一般的胡同、临街院落里做饭用的煤炉、街头烤红薯的铁桶等。大街小巷的自行车川流不息；直接搭建在路边的露天集市熙熙攘攘；个体店铺鳞次栉比；大杂院里每天晚上都热闹非凡；人们无论男女老少，不约而同地聚在一起娱乐休闲，在悠扬的手风琴伴奏下纵情歌唱、翩翩起舞；随处可见的小餐馆环境舒适、物美价廉。

实习期间，我经常去中国外交部进行礼节性拜会，或在中国外交部工作人员陪同下参观北京，游览中央直辖的港口城市天津。

至今我还记得在天津的两段令人开心的经历。第一次是参观天主教教堂。在中国，东正教教堂很少。当我参观完这座教堂后，有人请我在“荣誉参观簿”上留言。我随即用中文写下留言，这令陪同的同事和教堂工作人员感到十分惊讶和兴奋。

第二件令人愉快的事情是外交部的陪同人员和天津市政府的代表为我举办了一个生日晚宴，因为 11 月份的天津之行恰逢我的天蝎座生日。晚宴上的一道菜令我惊诧不已：在一盘轻薄如雪的网状米线上，摆放着与我年龄相同数目的油炸蝎子。我小心翼翼地尝了一口，原来它们不仅能食，而且焦脆爽口。

实习期间，根据双方协议，我访问了俄罗斯联邦驻华大使馆，第一次见到了俄罗斯驻华大使 И. А. 罗高寿先生。他是一位经验丰富、才华横溢的外交官，一位世袭汉学家，一个出类拔萃的人。从那以后，我们建立起良好的业务关系和私人友谊。

实习期间获得的知识和初步经验对我后来在中国的工作大有裨益，使我能更好地了解中国人民，并加深了我对这个国家的敬意及对其丰富历史和传统文化的热爱。

确定合作

结束实习回国后，我接到了新的任务：负责带领三人工作组（М. А. 沙利莫、В. И. 拉泽尔科、Н. В. 瓦辛科）于 1992 年 12 月 31 日奔赴北京，为最高苏维埃主席 С. С. 舒什凯维奇率领的白俄罗斯共和国访华代表团打前站。

我们于 1993 年 1 月 2 日抵达北京，在中方接待官方代表团的钓鱼台国宾馆下榻。在随后的 5 天里，我们对访问期间拟签署的双边文件的文本进行了最后协商。谈判中，双方为了在某些看似微不足道的细节上达成共识，往往会耗费很多时间。例如，共同政治文件的名称应该叫备忘录、声明，还是公报？值得庆幸的是，所有的筹备和技术问题都得到了妥善解决。

1993 年 1 月 8—12 日，最高苏维埃主席 С. С. 舒什凯维奇率领的白俄罗斯共和国代表团对中国进行了国事访问。

访问的主要任务是研究中国的改革经验，这从访问的日程安排中就能看出来。经双方商定，与中国领导人举行会谈和签署协定等活动安排在白俄罗斯代表团访华的最后几天进行。

白俄罗斯代表团 1 月 8 日到达北京时，受到时任中国全国人大常委会委员长万里的热烈欢迎，双方举行了第一次正式会晤和谈判。此后，代表团在中国南方古城厦门市访问。厦门是当时中国四个经济特区之一，在这里我们参观了引进外国技术和投资的先进企业。

厦门的特点是侧重生产。企业主要从事生产活动，合资企业注入的资本主要来自侨居国外的华侨富商。贸易和旅游业涉足很少。许多国际金融机构纷纷在厦门设立分公司，以便在这里形成金融模式，之后在全中国推广。

回到北京后，按照双方的约定，代表团与中国共产党及中国国家领导人进行了会晤和谈判，举行了礼节性活动。访问期间双方签署了 7 份文件，包括《白俄罗斯共和国和中华人民共和国联合声明》《白俄罗斯共和国和中华人民共和国领事条约》《白俄罗斯共和国政府和中华人民共和国政府关于鼓励和相互保护投资协定》《白俄罗斯共和国与中华人民共和国关于民事和刑事司法协助的条约》等。

在谈判过程中，双方高度重视发展互利合作的经贸关系并愿意为此创造有利条件，承诺在经济贸易合作领域为双方提供最惠待遇。在《白俄罗斯共和国和中华人民共和国联合声明》中，双方表示愿意促进两国各区域和企业建立直接联系，在平等的基础上发展商品贸易。

《白俄罗斯共和国政府和中华人民共和国政府关于鼓励和相互保护投资协定》为双方发展经济合作提供了广泛的机会，特别是协定允许双方在中国或白俄罗斯境内建立合资企业，鼓励双方积极开展生产和科技合作。

访问期间签署的《中华人民共和国外交部和白俄罗斯共和国外交部磋商议定书》为两国外交决策部门在国际组织中协调行动和相互支持建立了磋商机制。议定书规定，磋商将在两国首都或在参加联合国大会的代表团之间举行。

这次访问的成果还有：最终解决了 1993 年 2 月初在中国设立白俄罗斯大使馆的期限问题。交给我的任务是：作为白俄罗斯共和国驻中华人民共和国临时代办，于同年 3 月来北京赴任。

我的赴任关系到许多错综复杂的问题，如能妥善解决便能为将来我国外交代表处的领导工作排除障碍（当然，他们每一个人都会有较为复杂的问题需要解决）。从某种意义上讲，打前站可谓“难于上青天”，因为没有安置使馆的处所，没有使馆工作人员，没有联络渠道，没有交通工具，没有银行账户……总之，什么都没有！

进入临时代办角色

我怀揣着白俄罗斯外交部长 П. К. 克拉夫琴科给时任中华人民共和国外交部长钱其琛有关任命我为临时代办的信函，带着简单的行李飞抵北京。我的活动经费总共 2900 美元（现金），用于支付旅馆住宿和初期工作筹备，其中一小部分是我一个月的工资。随身携带的还有若干将来用来存放使馆第一批财产的纸箱。

那时明斯克与北京之间还没有开通定期航班，不过从明斯克到北京，然后到天津的图-154 货运包机往返的频率却非常高，飞行途中需要在伊尔库茨克或克拉斯诺亚尔斯克停机加油。这些航班专为白俄罗斯的企业家开辟，他们前往中国购买便宜的商品，其中多半是服装，然后再销往白俄罗斯的市场。通常飞机上只留下前两排座位供乘务员和乘客使用，其余的地方都腾出来堆放企业家购买的货物。

◆ 在这座楼的 10 层，白俄罗斯共和国驻中华人民共和国使馆开启了在中国的工作。

按照白俄罗斯和俄罗斯外交部的事先约定，俄罗斯驻中国大使馆的一位参赞到北京机场迎接我。行李被装上一辆小巴士，运到俄罗斯大使馆的仓库，同时给我在宾馆预定了一个房间，但我在这家宾馆只住了两天，因为住宿费太高，我的启动经费很可能没几天就会花光。此后一个月，我一直住在俄罗斯大使馆的宿舍里，直至我们在三里屯外交行政住宅大楼里为白俄罗斯使馆租到了住房和办公室。

来到中国后，我的第一个正式访问是拜会俄罗斯联邦驻中华人民共和国大使 И. А. 罗高寿。我非常感谢俄罗斯外交人员，尤其是罗高寿大使在使馆筹备的起步阶段给予我工作上的支持和帮助。他安排我在大使馆宿舍居住，帮助协调与中华人民共和国外交部的会晤时间，开设外币和人民币银行账户，必要时为我提供车辆和司机，允许我使用俄罗斯大使馆的传真和电话，以便我与白俄罗斯外交部保持工作联络等。

我很清楚，不能长期使用这些服务，但要想迅速解决最重要的建馆问题（如租赁使馆馆舍、租赁住宅、安装电话线路、购买汽车、选购最简单的配套家具等其他很多事情），我需要他们的帮助，因为我最缺乏的是资金。

出路终于找到了。在我的请求下，俄罗斯大使从俄使馆账户给我划拨了必要数额的资金，这笔钱将用于我解决上述问题。在这期间的将近两个月里。多亏解决了财务问题，使我的时间没有虚度，并在短期内解决了一部分主要的建馆问题。

在我常驻北京的这个时期，俄罗斯大使馆为我提供了一如既往的支持，帮助我积累了不少外交经验。那时，我的汽车可以不分昼夜地驶入俄罗斯大使馆；白俄罗斯大使馆的孩子们可以免费在俄语学校就读。这得益于从第一天见到 И. А. 罗高寿先生起，我们之间形成的互相尊重和信任的关系。

1993 年 5 月，使馆的第二位外交官、随员 Д. Л. 斯洛博迪亚纽克抵达后，筹备白俄罗斯使团重要活动的工作加快了步伐。他负责领事工作，在会晤和谈判中担任翻译。

值得一提的是，任命我为白俄罗斯共和国驻中华人民共和国临时代办的信函递交到中华人民共和国外交部之后，中方立即将我列入外交名单，并将这一信息通报给所有外国驻北京的大使馆。中国外交部开始邀请我与其他使馆领导人一起参加中方的官方活动。

到中国后，我参加的第一个大型活动是 1993 年 3 月召开的第八届全国人民代表大会第一次会议。在这次会议上，时任中国共产党中央委员会总书记江泽民当选为中华人民共和国主席。而在此以前，这两个职务是不能兼任的。后来，兼任成为惯例。

会议结束后，安排了中华人民共和国新任主席与外交使节会面。我和其他国家大使馆的领导人一样，有机会亲自祝贺江泽民当选中国国家最高领导人。

鉴于我的外交地位（临时代办）和在大使馆中的官方职务（起初为一等秘书，后来升为参赞），在中国外交部举行工作会晤时，根据所讨论问题的重要程度，我的谈判和磋商伙伴通常是负责与白俄罗斯及原苏联其他国家关系的司长或副司长。

在进行谈判或解决工作及建馆问题时，我接触最多的是时任中华人民共和国外交部参赞吴筱秋女士。她是一位高素质的职业外交家，精通俄语，不仅熟知中国文学艺术，而且对俄罗斯和白俄罗斯的文学艺术也非常了解。谈判时，她总是彬彬有礼、温文尔雅。吴筱秋是中国为数不多的获得特命全权大使级别的女外交官之一。在我看来，1998 年 3 月至 2002 年 2 月她担任中国驻白俄罗斯大使并非偶然。

在中国工作期间（1993 年 3 月到 1995 年 5 月任白俄罗斯共和国驻中华人民共和国临时代办；1995 年 6 月至 7 月任大使馆参赞），我与吴筱秋女士相互尊重、友好相待，结下了深厚的友谊。在她就任中国驻白俄罗斯大使期间，我们依然保持着良好的关系。

在我与中国外交部磋商过程中，成功地解决了一个重要的政治问题：1993 年中国支持白俄罗斯当选联合国安理会非常任理事国成员。这件事奠定了白俄罗斯与中国在国际组织中就某些问题协调行动的基础。

除了领导使馆和执行代表职能外，我还负责双边的政治、科技、军事和军工技术合作（1993—1995 年白俄罗斯使馆没有武官）以及一系列其他方面的工作。

筹建使馆

从使馆开展活动的那一刻起，就是由我本人编写、发送和接收外交邮件，这形成了一条不成文的规矩。我不知道那时白俄罗斯的机要通信发展到了何种程度，反正外交信使从未来过中国，外交邮件是按照包机乘务长的航班时刻表在两国传递。这些包机起初是飞往北京，后来只飞天津。我有个人通行证和乘车直接靠近飞机舷梯的通行证。有时航班会在计划外飞抵，接到机长有关带来邮件的电话后，我便到处寻找机组人员下榻的宾馆。这就是为什么在中国工作两年半后，我在北京辨认方位的能力好过在明斯克的原因之一。

还有一个原因是，我在北京工作的整个任期内，大使馆没有配备司机。所有出行，包括外交接待，不得不由我亲自驾车完成。记得有一次我和夫人受邀参加人民大会堂高级招待会。人民大会堂位于北京天安门广场西侧，是全国人民代表大会举办地。那天，周围到处都是调度员和警察。我把车开到人民大会堂中门，礼宾员误把我夫人当作大使，协助她下车，直接送入大楼。保安让我将汽车开到远处的停车场，以免影响其他国家的大使。真是很无奈！停完车后，我不得不从停车场经过层层安检，出示在中国的个人身份证和招待会邀请函，才进入人民大会堂。

这个例子表明，在大使馆工作的最初阶段，财力和人力都很有限，更不用说其他方面。比如，我们在大使馆开始运营的第二年才允许雇佣会计，这位会计还是从乌克兰大使馆工作人员的家属中找来的。

如我前述，1993 年 5 月白俄罗斯外交部派出第二名工作人员——随员 Д. Л. 斯洛博迪亚纽克来到大使馆工作。他负责领事工作，并作为翻译参加解决一系列建馆问题的谈判。他接受过语言学教育，毕业于军事外语学院汉语专业，苏联解体后退役。在大使馆工作过程中，他获得了语言实践机会。当然，对于责任重大的翻译来说，他还准备不足。但对于大使馆日常活动和解决领事问题，他的汉语已游刃有余。

我的女儿奥莉加在明斯克的学年结束后，跟随我夫人柳德米拉·康斯坦丁诺夫娜于 1993 年 6 月来到北京。这是一件令人愉快的事情。妻子很快就融入北京的生活，在各种招待会或是非正式场合上，她总是积极与其他使馆同行建立联系。在日常工作中，她给予我巨大的帮助。必要时，她还帮助我翻译英文报刊的文章。

1993 年夏，第三位使馆工作人员来到北京，他就是一等秘书（后来晋升为参赞）В. И. 拉泽尔科。他携妻子和儿子前来，住宅（就像以前 Д. Л. 斯洛博迪亚纽克的住宅一样）在来到这里之前就已经租好。他负责教育、文化、经济合作、信息处理和领事工作。

大使馆的第四位外交官于 1994 年年初抵达北京，他是经贸合作处参赞 M. Л. 别尼耶夫斯卡伊。这样的编制一直延续到白俄罗斯大使 В. Н. 库兹涅佐夫抵达北京。

总统的第一次访问

1993—1995 年，白俄罗斯共和国多个代表团对中国进行了工作访问。议会代表团有：国家建设工作委员会代表团，团长为最高苏维埃建设委员会主席 M. A. 卡久契茨；国际事务与对外经济联络代表团，团长是委员会主席 И. И. 捷列什科；农业问题、食品供应与农村社会发展代表团，团长为委员会主席 В. Г. 卡尔贡。

这些年访华的还有白俄罗斯共和国教育部长 В. А. 卡伊肖克率领的教育合作代表团、О. В. 罗曼院士率领的白俄罗斯共和国国家科学院代表团和许多部委与企业代表团。访问期间双方确立了合作关系，签署了高水平的合作文件，研究了中国各个领域的经验。我们大使馆筹备和安排了这些访问并全程陪同代表团。

1995 年 1 月 17 日至 19 日，白俄罗斯共和国总统 А. Г. 卢卡申科对中华人民共和国进行了国事访问。这次访问是确立和发展白俄罗斯与中国合作关系的关键阶段，也是卢卡申科作为白俄罗斯共和国总统对前苏联以外的国家进行的第一次正式访问。我清楚地记得，总统专机在北京机场着陆后，我登上机舱，祝贺白俄罗斯共和国总统踏上中国的土地，然后陪同他从舷梯上走下来，走向下面迎宾的群众。这是当时中国规定的礼节。

◆ 白俄罗斯共和国总统卢卡申科访问中国期间，向人民英雄纪念碑敬献花圈。

访问期间，白俄罗斯共和国总统卢卡申科与时任中华人民共和国主席江泽民、时任中华人民共和国全国人大常委会委员长乔石、时任中华人民共和国国务院总理李鹏举行了会谈，参观了北京吉普汽车制造公司、浦东经济开发区和上海证券交易所。在深圳经济特区访问时，会晤了华为电信公司高管，参观了工业展览馆。

两国领导人会谈时，江泽民强调，中国尊重白俄罗斯所选择的发展道路，两国可以相互学习改革经验。在肯定双边关系取得卓有成效的进展之后，江泽民特别强调了经贸合作的重要性。他对白俄罗斯在台湾问题以及人权问题上给予中国的支持表示感谢。白俄罗斯共和国总统卢卡申科与中华人民共和国主席江泽民建立了良好的私人关系，作为这次访问的重要成果，这对未来深化白中关系产生了深远的影响。

在访问期间，双方还签署了一系列文件，这对深化和拓宽白中各领域的合作十分必要。在访问结束时发表的《白俄罗斯共和国和中华人民共和国关于进一步发展和加深合作的联合声明》中，双方表示“相信白俄罗斯和中国在北京的高级别会晤及其签署的成果性文件，将有力推动两国关系深入发展并开启双边和国际问题建设性协作新阶段”。

为了给双边贸易、建立合资企业和实现互利投资创造有利条件，两国签署了避免双重征税、防止逃避所得税和房地产税的政府间协定。双方还签署了航空协定。

白俄罗斯名牌产品进入中国市场

必须指出，1992—1993年间白俄罗斯和中国的贸易额并不高，1992年是3400万美元，1993年为4300万美元。通过双方企业的共同努力，1995年达到1.03亿美元，但这还远远不够。这一时期双方刚建立起联系，对市场营销的研究也刚刚起步。白俄罗斯政府各机构、部门和企业虽然在对外经济活动中缺乏经验，但进行贸易合作的愿望却很强烈。他们不知道如何开拓中国市场，如何制定竞争策略，常常不愿放弃预先设定的不合理价格，因而失去了客户。

以明斯克汽车制造厂代表处在中国工作的情况为例，20世纪90年代，中国还没有形成像现在这么强大的汽车制造工业，需要购买大量的载重车和自卸车。为了大型建设项目（例如三峡大坝工程），中国定期举办汽车招标会。当时，我们只卖出几辆“马兹”汽车（明斯克汽车厂制造），因为“马兹”的价格高于美国、日本、德国生产的同类载重汽车。而我们的生产厂家又没有努力降低价格，结果失去了汽车供应市场和汽车配件市场。后来中国迅速建立起自己强大的汽车制造工业，依赖进口的问题迎刃而解。

90年代初，进入中国市场的类似情形也同样发生在明斯克拖拉机厂身上。当时正值中华人民共和国快速发展农业的时期，用于土地耕作的拖拉机严重匮乏，工业不能满足日益增长的农业机械需求。然而，明斯克拖拉机厂却并未积极进入这个崭新的、前景无限的市场，反而是乌克兰抢先于 1994 年与中国签署了装配小型拖拉机的协议。近年来在竞争日趋激烈的情况下，明斯克拖拉机厂才开始在中国的新疆维吾尔自治区和黑龙江省积极开展白俄罗斯拖拉机的装配工作。

缔结友好城市

在巩固白俄罗斯与中国人民的文化交流、经贸友好关系过程中，两国城市和地区之间缔结友好关系起到了相当重要的作用。1992 年 5 月 18 日，明斯克市与中国吉林省长春市签署了“缔结友好城市协议书”。很快，明斯克的五一区与北京最大的朝阳区也建立了友好关系。根据这些城区之间的协议，中方曾计划改建明斯克托尔布欣街上的“友谊”宾馆，并在明斯克 C. И. 瓦维洛夫机械厂建立联合生产企业。遗憾的是，这些方案未能付诸实施。

1993 年 3 月 26 日，白俄罗斯布列斯特市与中国湖北省孝感市签署了建立友好关系协议以及发展经济、技术交流与合作的协议。一年后，即 1994 年 2 月 26 日，湖北省人民政府与布列斯特州执行委员会签署了“建立友好省州关系协议书”。

这仅仅是地方政府执行机构之间确立关系的第一步。目前，不仅白俄罗斯的州中心城市，连区级城市都与中国的相应城市缔结了友好关系。诚然，在某些情况下，双方签署的规划只是意向性的，但是这种双边关系的形式是连接各种经贸关系和人文合作的纽带，加强了白俄罗斯和中国人民的友谊和相互理解，在两国之间发挥着作用。

◆ 明斯克市友好城市长春市代表团访问明斯克，时任长春市市长祝业精（前排右一）会见明斯克市……巴甫洛夫。

纪念胜利 50 周年招待会

1995 年是庆祝苏联伟大卫国战争胜利 50 周年。各独联体国家都有意借此机会举办外交招待会。由于担心与其他大使馆的招待会在时间上发生冲突，每个大使馆都很难确定举办的具体日期。于是，俄罗斯、白俄罗斯、哈萨克斯坦、吉尔吉斯斯坦和乌克兰大使馆的领导们商定，在俄罗斯大使馆共同举办一个招待会，参与活动的各国按份额缴纳费用。

这是一场声势浩大的招待会，中国报纸作了详细报道。而且这个共同举办的招待会在各国大使馆的工作实践中也是绝无仅有的。有一个细节值得关注：在安排迎接前来参加招待会的外交官和中国客人时，为了不得罪招待会合办者中的任何一方，俄罗斯大使馆的礼宾处找到了一个折中的方法：在欢迎嘉宾时，排在主办方序列第一位的不是俄罗斯大使罗高寿和夫人，而是按照俄文字母表的排列顺序——白俄罗斯临时代办沙利莫和夫人。这是一种荣誉，而且大家都能理解和接受。

这次，共同举办招待会的决定是在前社会主义阵营国家的大使俱乐部会议上通过的，该俱乐部每月举行一次会议，只有保加利亚大使馆不知何故没有参加。另外还有一个大使馆政务参赞俱乐部（也是前社会主义阵营的国家，保加利亚除外）。两个俱乐部的活动我都参加了。大家会面时可以就国际事件、中国的内外政策、该俱乐部成员国与中国在双边关系中有重要意义的事件（国事访问及工作访问、新协定、经贸关系状况）等信息交换意见。

当然，在这些会议中分享的只是公开信息，但这有助于评判中国与其他国家的关系，及时向白俄罗斯外交部通报其他国家与中国发展双边关系的计划信息。同时，通过参加大使俱乐部和参赞俱乐部的活动，可与其他大使馆的同行建立信任和友好关系。

在中国旅行

中华人民共和国外交部每年都会组织常驻中国的大使和夫人们在中国国内旅行。由于我们使馆刚刚“立足”，财力有限，得到白俄罗斯外交部允许后，我参加过一次这样的活动，而且为了节省国家资金，我没有携带妻子。

1992 年 12 月 2 日至 7 日，中华人民共和国外交部组织各国驻华使馆领导人到云南省旅行，并在昆明（省会）、大理（大理白族自治州首府）和景

◆ 中国外交部组织各国驻华使馆领导人赴云南省旅行。

洪（西双版纳傣族自治州政治、经济、文化中心）下榻。

当北京还处于凛冽的严冬时节时，在云南省的我们已进入夏季，甚至西装都显得多余。这里到处郁郁葱葱，水果飘香，时而飘来一阵温暖的蒙蒙细雨。远途旅行我们乘坐飞机，但沿湄公河和洱海的部分路线则乘坐游船摆渡。这种轮船现在只能在描写 19 世纪和 20 世纪初有关事件的照片或电影中才能看到。在云南的所见所闻，终生难忘，许多见闻我已用摄像机记录下来。

旅行期间，我们参观了联合国教科文组织文化遗产——石林国家公园。喀斯特地貌的石林在中国常被称为神奇梦幻之地，它形成于两亿七千万年至三亿年前。从远处看，它的确像茂密的森林，一旦走近才会发现，原来这是形态各异的石头。它们的形态有的像竹笋、巨柱、宝塔、长剑，有的像雄狮、卧虎、骆驼或野牛。“树木”的高度从 5 米到 30 米不等，一些石头呈群

◆ 石林彰显庄严和神秘。

居分布，另一些则孑然独立。1949 年之前，石林原则上不允许游人踏入，如今，千百万参观者从世界各地蜂拥而至。为了方便游客，这里还兴建了道路和桥梁、饭店和商店。

我们还看到了当地人用鸬鹚捕鱼的情景，这种捕鱼方法已有数千年历史，这些都让人心旷神怡、流连忘返。此外，我们还领略了当地的风土民情以及苗、白、傣等少数民族的服饰风采，参观了制药厂等多家企业。

回到北京之后，甚至直到现在，云南之行以及在这个钟灵毓秀的国度一隅获得的神奇美妙的印象，都一直是我愉快美好的回忆。

令人尊敬的国家

1995年6月，白俄罗斯共和国特命全权大使B. H. 库兹涅佐夫抵达北京并递交国书，我完成了在中国的外交使命，于7月回到祖国。按照传统，当外交使团领导从常驻国离任时，大使馆要为其举办招待会。由于那时我们大使馆还没有这样的经验，于是南斯拉夫大使馆提议并担负起这一使命。我想再一次对当时南斯拉夫驻中华人民共和国临时代办约尔丹·吉尼克及其夫人对我的友谊和尊重表示衷心感谢。

鉴于我将完成外交使命，中华人民共和国国防部国际合作局也举行了礼节性会谈，介绍两年来双方的工作成果，并举行告别晚宴。该局领导及其配偶参加了这次活动。在共同工作的岁月里，我们为两国军事和军技合作奠定了坚实的基础。

对我而言，中国就像亲爱的祖国白俄罗斯一样珍贵。这是一个值得尊敬的国家，她承受过巨大的考验，经历过饥荒和工农业的落后时期，但是在1978年实行改革开放政策以后的短短几年里，她的经济得以恢复并飞速发展。

与此同时，中国人民对自己的历史和文化怀有神圣的敬意，并努力保护着历史文化遗产。中国人民一代又一代地传承着尊老爱幼、珍惜友谊和热情好客的传统。很多源于古代的手工制作工艺不但没有消亡，反而在蓬勃发展，例如丝绸刺绣、陶瓷和黏土制品，工艺高超且别出心裁的石制、骨制、木制产品，珐琅花瓶和其他珐琅制品，以及不计其数的其他艺术品等。

我们决不可忽视中国及其人民，我们必须深刻感受和理解这个国家。只有这样，中国才会与我们心心相印，惺惺相惜。每次回到这片热土，展现在我眼前的，永远是一个崭新的、独一无二的中国！

走向战略合作

（1995—2000年）

维亚切斯拉夫·库兹涅佐夫

作者简介：维亚切斯拉夫·尼古拉耶维奇·库兹涅佐夫

1947 年出生于莫斯科一个军职人员家庭。

1965 年毕业于博布鲁伊斯克中学。1970 年毕业于明斯克无线电技术学院。1987 年毕业于明斯克高级党校函授专业。

1970 年起，任明斯克弗拉基米尔·伊里奇·列宁科学生产联合公司设计工程师。1977 年开始从事党的选举工作。1988 年被选为明斯克市苏维埃区执行委员会主席和人民代表委员会主席。

1987 年因对研制和掌握消除切尔诺贝利核电站后果的无线电电子设备最新模型的生产技术作出贡献而获得“荣誉勋章”。

多次当选为苏维埃区和明斯克市苏维埃代表。1991 年当选为第 12 届白俄罗斯共和国最高苏维埃代表。1992 年起任白俄罗斯共和国最高苏维埃第一副主席。

自 1995 年起任白俄罗斯共和国驻中华人民共和国特命全权大使。自 1998 年起兼任驻蒙古国大使。

2000—2008 年任白俄罗斯共和国驻独联体总部常务全权代表。

现已退休，任明斯克市执行委员会顾问委员会成员。

国家最高级别公务员，特命全权大使外交职衔。

特别重要的任务

20 世纪 90 年代中期，独立的白俄罗斯共和国与中华人民共和国在发展两国合作中刚刚起步，双方进行了一系列正式互访。在北京和明斯克，两国互设大使馆，开始建立双边关系的条约和法律基础。尽管不是很多，但向中国市场提供产品的白俄罗斯企业不断增加。

与此同时，两国的客观利益要求更快地发展和扩大合作，在国际舞台和国际组织中更紧密地协作，保持双边进出口贸易信息渠道的畅通。1993 年两国贸易额达到 4300 万美元，当然，这与白俄罗斯和中国的经济实力还相距甚远。

随着卢卡申科当选为白俄罗斯共和国总统，白俄罗斯和中国的关系在性质和发展速度上发生了显著变化。特别是 1995 年 1 月白俄罗斯国家元首对中华人民共和国进行正式访问之后（有关这次访问及其成果，本书的前一篇文章中已作叙述），这些变化更加明显。

1995 年 2 月 27 日，白俄罗斯共和国总统颁布命令，任命我为白俄罗斯共和国驻中华人民共和国特命全权大使。在行前会见时，总统特别强调：在业已形成的条件下，有一项特别重要的任务摆在我面前——全面强化与友好中国的关系，首先是发展经贸关系，增加贸易额和白俄罗斯商品的出口额。

我于 4 月抵达北京，6 月初向时任中华人民共和国主席江泽民递交了国书和卢卡申科总统的个人信件。我记得，江泽民主席饶有兴趣地听取了我对白俄罗斯内外政策的介绍，他对卢卡申科总统以及白俄罗斯所选择的改革和国家建设道路表示欢迎和支持。江泽民主席还建议我到中国各地走走，不仅要接触官方人员，而且要更多地接触普通百姓。在此后的工作中，我总是努力遵循这个明智的建议。因为我明白，只有利用这样的机会，才能客观评价驻在国所发生的变化，客观评价其领导人所实行的内外政策。

对先驱者的特殊要求

在不同国家和不同时期，大使馆的活动总是具有多样性和高度的重要性。然而，对于先驱者往往会提出更高的要求，因为他们承担着特殊的责任。白俄罗斯共和国驻中华人民共和国大使馆的第一批外交官都非常了解自己使命的重要意义，他们中的每一个人都以高度的责任感和最大的奉献精神履行自己的职责。

我们使馆位于塔园外交公寓的第 10 层，独联体大多数国家的外交使团都在此办公。一些外国外交官的公寓也在这里。我们与阿塞拜疆和科特迪瓦的大使馆位于同一层，我们头顶上面一层，是美国武官的住宅。还记得，当白俄罗斯国防部长 Л. С. 马尔采夫访华来使馆时，在室内进行的所有谈话都不得不顾及上述情况。

大使馆在编人员共有 5 名，工作量巨大，经常长时间、紧张地工作。由于两国有时差，我们常常工作到后半夜，而早上 9 点又准时开始工作。那时，大使馆的主要活动是巩固双边关系的条约和法律基础，协调执行合作项目和计划，总结和贯彻合作的先进经验，筹备和安排白俄罗斯各种代表团到中国的访问。

在初始阶段，除了大使馆的主要工作外，我还承担着许多行政管理事务。比如装备使馆房舍，为外交人员配置工作必需的技术设备，为使馆创造正常良好的工作条件，安置工作人员家属，安排好日常生活等等，这是摆在我面前最重要的任务之一。解决这些问题，需要耗费大量的工作时间与中国外交部相关部门协商谈判，但这些问题又必须优先解决。

白俄罗斯外交部在物质和经济保障上给予我们全力帮助。尽管平时很节约，但部领导总是尽可能为大使馆的设备安装工程拨款，我们总是能收到必需的白俄罗斯纪念品。特别感到骄傲的是，我们有幸获得了白俄罗斯苏维埃社会主义共和国人民艺术家、功勋艺术活动家 Л. Д. 谢梅廖夫和白俄罗斯杰出的油画大师 В. П. 霍多罗维奇的几件作品。直到今天，这些作品作为装饰仍然是大使馆的骄傲。

积极发展双边关系

1995 年 1 月卢卡申科总统访华后，两国采取更加有力的措施积极发展双边关系。首先有目共睹的是，官方代表团互访的频率大大增加。大使馆竭力为每个代表团安排尽可能丰富的访问日程并准备会谈所需的书面材料。

1995 年 6 月，时任中华人民共和国国务院总理李鹏访问白俄罗斯，他代表中国最高领导层对卢卡申科总统的方针给予政治上的支持。这次访问，从中方了解研究我国经济和科技能力的角度来看，意义也很重大。

在明斯克举行的白中会谈最终签署了联合公报和中华人民共和国政府向白俄罗斯共和国政府无偿提供价值 850 万元商品的协议。卢卡申科总统在总结访问成果时说，中华人民共和国国务院总理李鹏的访问，“为履行双方的合同发放了通行证，开了绿灯”。

为了履行中华人民共和国总理访问期间达成的协定，中国对外贸易经济合作部副部长孙振宇率领一个大型代表团访问白俄罗斯，深入研究市场并建立贸易关系。代表团成员包括中国最大的对外贸易联合体和公司的代表。代表团与白俄罗斯对外经济联络部、国防部、工业部、白俄罗斯工商会、“白俄罗斯石油化工”和“白俄罗斯轻工”康采恩进行谈判，并与“白俄罗斯钾肥”联合公司、“白俄罗斯国企商品”外贸组织等共和国企业的领导人举行了会谈。

中国代表团访问期间，就白俄罗斯“集成电路”股份公司向中华人民共和国提供微电路和设备、中方与维捷布斯克州“爱维斯托尔”工厂开展联合生产达成了协议，与新波洛茨克“聚合世界”生产公司签订了聚丙烯纤维供应合同。代表团对扩展经贸关系，购买钾肥、高压聚乙烯、化学纤维和其他白俄罗斯产品表现出极大的兴趣。访问结束时，双方签署了经济合作备忘录。

1996 年 11 月，时任中华人民共和国国务院副总理李岚清率中国代表团访问白俄罗斯。他表示，中国理解并尊重白俄罗斯的发展道路和根据国家特点而制定的内外政策，支持白俄罗斯为捍卫国家主权与独立所作出的努力。

1996 年 12 月 4 日至 8 日，白俄罗斯代总理 C. C. 林格率领的政府代表团访华。这次访问具有非常重要的意义。代表团成员包括一些政府部门和国有企业的领导。林格代总理分别与时任中华人民共和国国务院总理李鹏、时任国家副主席荣毅仁、时任国务院副总理李岚清、时任经济体制改革委员会秘书长郭树清、时任中国国际贸易促进委员会会长郭东坡举行了会谈。

◆ 林格及代表团随行人员参观中国企业。

在会谈时，国务院总理李鹏表示，白俄罗斯共和国绝大多数人民支持 А. Г. 卢卡申科总统，这将有助于白俄罗斯恢复稳定和发展经济。中国领导人也都表示："中国支持白俄罗斯共和国为反对外来干预、捍卫国家主权和独立所作出的努力。"

在涉及经贸关系问题的会谈中，双方重点关心的是提高双边贸易额、落实已达成协议的措施，讨论白俄罗斯提出的联合开展生产与科技合作的具体建议。

1997 年 4 月，时任中华人民共和国国务院副总理吴邦国访问白俄罗斯。访问期间，双方不仅就贸易增长问题，而且就共同参与保障跨亚欧大陆运输走廊建设、在中国和白俄罗斯建立合资企业等问题达成协议。

在 1995 年 10 月白俄罗斯共和国总统监察局局长 В. Б. 多尔戈廖夫参加在北京举行的国际反腐败会议期间，以及 1996 年 4 月国家监察委员会主席 Н. Ф. 多马什凯维奇率领代表团访华期间，双方就筹备两国最高监察机构合作、交流关于监察机构活动的法律等问题达成协议。

◆ 白俄罗斯国家监察委员会主席多马什凯维奇率代表团访华。

1999 年 3 月，时任中华人民共和国国务委员吴仪女士访问白俄罗斯。双方详细讨论了经贸与科技合作的具体方案。

应白俄罗斯国民会议邀请，1999 年 7 月时任中国人民政治协商会议全国委员会副主席陈俊生率领代表团访问我国。代表团与白俄罗斯国民会议两院领导人举行了会谈，访问了布列斯特州，并与州领导人讨论合作问题。

1999 年 11 月，我国经济部部长 B. H. 希莫夫在北京签署了白俄罗斯经济部与中华人民共和国国家发展计划委员会合作协定，确定了白俄罗斯和中国在经济协作方面就所有问题交流经验的机制。

卢卡申科总统再访中华人民共和国

1997 年 4 月 27 日至 28 日，白俄罗斯总统卢卡申科对中国进行了第二次访问。他在北京与时任中国国家主席江泽民举行了会晤。除了讨论双边合作的现状和发展前景外，双方就国际问题广泛地交换了意见。

应该指出的是，两国领导人之间建立起来的特殊的个人友谊、相互交流中的高度信任和真诚，对全面而积极地发展两国关系产生了决定性影响。

访问期间，卢卡申科总统参观了已运行 17 年、高度发展的深圳经济特区。在与深圳市领导以及华为公司领导会见时，他讨论了中方对白俄罗斯经济投资、建立密切的商业合作和合资项目等问题。在锦绣中华微缩景观城市公园里，卢卡申科总统种下了一棵纪念树。20 年来，这棵树茁壮成长，深深扎根在中国肥沃的土壤里。

◆ 卢卡申科总统在深圳经济特区荣誉访客簿上留言纪念。

1997 年 4 月 28 日，白俄罗斯和中国关系史上迎来了意义重大的事件：卢卡申科总统出席了白俄罗斯驻华使馆新馆舍的正式开馆仪式。白俄罗斯共和国的国旗在总统亲临时，首次在新馆舍的旗杆上升起。卢卡申科高度评价即将供白俄罗斯外交官使用的使馆的条件，祝愿我们在为国家服务的工作中取得成绩。

应当说，安置外交使团及其工作人员，是当时北京最急需解决的问题之一。中国没有为各个大使馆建造新楼，但如果我们凭自己的力量建造，那将非常昂贵，且耗时漫长。早在 1995 年 12 月时任中华人民共和国国务院总理李鹏访问明斯克期间，白俄罗斯共和国总统卢卡申科在与他会谈时就提出了这个愿望。中国外交部正式答复说，将在北京市中心，即大多数外国使馆所在地，拨出土地和楼房供白俄罗斯共和国使馆使用。白俄罗斯使馆即将使用的这栋楼房曾是塞内加尔大使馆，建于20世纪50年代。

中国政府作出这一决定，表明其日益重视发展与我们国家的双边关系。因为当时有30多个国家希望获得单独的楼房和土地用于安置自己的使馆，然而，这种机会只提供给了少数几个国家，大多数国家的使馆办公位于综合防护设施齐全的北京外交公寓，只有通过外交部外交人服务局才能得到。

◆ 1997年4月28日，卢卡申科总统为白俄罗斯使馆新馆舍开馆剪彩。

实际上，整个1996年，我按照白俄罗斯外交部的指示，就楼房和土地的使用条件与中方进行过多次谈判。重要的是要结合中国在明斯克为其大使馆租赁房屋和土地的条件，既保障白俄罗斯共和国的利益，又遵守互惠原则。直到1997年年初，双方才就无偿租赁楼房达成协议，国家用于使馆的开支节省了一半。

◆ 卢卡申科总统就新馆舍开馆向使馆外交人员致辞。

奔向中国市场新阵地

白俄罗斯和中国政府间经贸合作委员会在组织两国多边经济合作中发挥了重要作用。1995 年 3 月，经合会第一次会议在明斯克举行；1997 年年初，中国同意我们的建议，将委员会联席主席的行政级别提升至副部级；1997 年 4 月经合会在北京召开了第二次会议；1998 年 8 月第三次会议在明斯克举行，委员会审查了经贸合作的主要方向，发现了存在的问题，并向两国政府提出解决问题的方案，会议通过了关于国家支持主要经济项目的决定。

1997 年 4 月，白俄罗斯大使馆在北京国际博览会框架下举办了首届白俄罗斯工商业展览会，提升了中国商界对白俄罗斯共和国出口能力的认识。我国政府代表团参加了展览会的正式活动，团长是副总理 B. B. 鲁萨凯维奇。白俄罗斯国家陈列馆占地 500 平方米，有 44 家不同行业、独具特色的企业展示了自己的产品。这是白俄罗斯第一次在中国如此大规模地展示国家的出口能力。

◆ 卢卡申科总统在访问期间接受媒体采访。

除了筹备展览会外，大使馆事先举办了宣传活动来吸引中国潜在的合作伙伴，这些活动引起了人们的高度兴趣，为大量的商业接触和交易创造了条件。中华人民共和国对外经济联络部部长、外交部副部长、中国国际贸易促进委员会负责人、中国和北京市党和国家机关负责人参观了展览。参观展览的还有媒体代表和许多其他国家的外交人员。

◆ 1999年6月，库兹涅佐夫大使在大使馆会见白俄罗斯共和国科学、工业和文化代表组成的代表团。

这次展览的成果是，白俄罗斯参展商得到500万美元左右的订单。白俄罗斯“别拉斯”自动装卸汽车制造厂获得20辆大卡车供货订单；白俄罗斯光学机械联合公司签订总额40万美元的订单；白俄罗斯信息与无线电电子大学签订了100万美元的合同。中方向“普拉纳尔”康采恩提出了建立合资企业的建议、向“涅曼”玻璃厂建议在中国开设代表处；“佩连格”股份公司（白俄罗斯光学机械和光学电子工业的领军企业）、“电子模数”企业、“白俄罗斯公用机器”股份公司、“白俄罗斯轮胎”股份公司也与中国伙伴达成了具体的合作协议。白俄罗斯生产商还被邀请参加之后在中国举办的其他展览会。

1999年7月，中国10个省70多家外贸公司和企业在明斯克举办了回访性展览，大约200名代表向顾客推荐他们企业生产的工业设备、日用电器、服装鞋帽和食品等。

白俄罗斯的出口品牌

20世纪90年代后期，钾肥在白俄罗斯对中国的出口总量中约占70%，中国每年需要进口钾肥约220万吨，原因是，全国大约60%的宜耕土地缺少钾肥。与我们竞争中国钾肥市场的有加拿大、以色列、约旦及俄罗斯的公司。

大使馆一直与“白俄罗斯钾肥”企业领导人及其商务机构寻找提高钾肥销售量的途径。当时白俄罗斯钾肥是通过总部设在莫斯科的“国际钾肥公司”销往中国，我们建议不要中介服务，直接与中国联系。这是增加中国市场钾肥销售量的机会。事实证明这个决定非常正确。在包括大使馆在内的共同努力下，1996—1999年间，白俄罗斯钾肥在中国的销售量翻了一番多。

增加白俄罗斯的汽车设备出口也是提高贸易额的一个优先方向。当时，世界上功率最大的长江三峡水电站开始建设，这意味着需要大量的自动装卸车辆。

白俄罗斯从1996年就对中国出口“别拉斯”牌自动装卸车。90年代初，中国约有2000辆载重量达30吨至42吨的自动装卸车。俄罗斯、哈萨克斯坦、吉尔吉斯斯坦的各种商业机构以低于白俄罗斯出厂价的价格出口“别拉斯”牌自卸车，以换取日用消费品。这种情形导致白俄罗斯工厂的产品丝毫不具备竞争能力。

唯一的出路便是保证对现有的自卸车提供技术维护，并在中国境内建立一个组装大型载重汽车的合资企业。大使馆与“别拉斯”制造厂共同制定了在辽宁省本溪市一家工厂组装载重汽车的方案。1997年，两套自卸车底盘从白俄罗斯共和国运往本溪，希望在其先进技术基础上，制造装有中国发动机的车型。车型制造成功了，遗憾的是白俄罗斯厂方后来对在中国境内的联合生产项目不够关注，放弃了合作机会。

◆“三江”集团与明斯克轮式牵引车厂签署建立合资企业协议。

然而，明斯克轮式牵引车厂的领导却怀着浓厚的业务兴趣，研究在中国建立联合生产的问题。大使馆和该企业活动的一项重要成果是：明斯克轮式牵引车厂与中国航空航天公司在汽车制造领域实施了第一个大规模项目——联合组装具有高度通行能力的卡车。这家名为“三江瓦力特”的合资企业于1997年开始试运营，1998年5月正式开业，直至今日仍在生产需求量颇大的卡车。

戈梅利液压自动控制装置生产联合公司与山东省兖州“振华”液压配套设备公司签订了建立法定资本100万美元的合资企业的合同。

波洛茨克玻璃纤维联合生产公司和白俄罗斯冶金厂在中国和中国香港的产品销售保持着稳定的态势。“普拉纳尔”康采恩在中国市场上积极推广自己的产品，到1997年，仅向珠海电子公司就供应了200件技术设备。集成电路科学生产联合公司按照双方签订的合同稳步地开展生产；“佩连格”股份公司和“卡梅尔通”专业设计局与一系列中国公司也开展了合作。

明斯克十月革命机床制造联合公司、明斯克自动化流水线生产联合公司、明斯克“基洛夫”机床制造厂一直向中国市场供应产品。“贝尔瓦尔”联合生产公司、电子计算机研究所、明斯克计算机技术联合生产公司积极地与中国华为公司谈判协作事宜。

开展投资合作

大使馆的主要活动方向是为白俄罗斯经济吸引投资和贷款。当时大使馆着手操办的许多事情，后来都在白俄罗斯和中国实际信贷投资合作项目中得到了发展和体现。

5 年里，大使馆一直研究双边合作项目并努力促进其高效落实。例如，白俄罗斯机械光学联合公司生产医疗器械和电子行业检测设备；明斯克拖拉机厂和戈梅利农业机械联合公司联合装配一些农机产品；白俄罗斯企业生产数字交换机和光纤电缆、电视机和电脑。

到 1999 年 1 月 1 日，白俄罗斯共和国共计注册了 15 家白中合资企业，法定基金 500 万美元；24 家中国独资企业，固定资产达 50 万美元。

然而遗憾的是，并非所有投资项目都能付诸实施。比如，大使馆花费很多精力在中国寻找改造戈梅利化工厂的合作伙伴和优惠贷款。该项目旨在处理工厂生产废料——磷石膏矿渣，此目标若能实现，将大大改善戈梅利地区的生态环境。1996 年戈梅利化工厂与中石化集团公司签订协议，决定按照中国经验和技术处理这一问题。1998 年中石化集团公司通过鲁北化学联合企业，准备投资 8000 万美元。然而，企业间的谈判最终没能取得积极成果。

还有一个令人遗憾的例子。根据“白俄罗斯森林造纸工业”康采恩的请求，大使馆一直研究是否可以在中国购买现代技术设备，以便在白俄罗斯国内组织生产中密度木质纤维板，为此，曾考虑采用中国进出口银行提供的优惠贷款8000万美元的方案。然而，康采恩未能将事情做到善始善终。

大使馆认为，增加对华贸易的一个最重要途径是在中国建立销售白俄罗斯化工产品的贸易网络。中国对我们的化工产品非常感兴趣，曾有一家公司建议白俄罗斯化工企业派代表到中国来，并由中方承担白俄罗斯代表一年的常驻费用。然而，“白俄罗斯石化”康采恩始终没有派出合适的人选。

当然，上述例子并不能从根本上动摇白俄罗斯和中国经贸关系快速发展的主流趋势，然而，这些问题确实存在过。

科技合作

对于我们来说，中国是科技领域最具前途的合作伙伴。中国领导层特别注重利用科技成就促进经济社会发展，保障国家繁荣。在技术基础落后和自然资源有限的条件下，国家庞大人口日益增长的需求是难以得到满足的。因此，中国制定了加速引进高新技术的政策，将知识创新成果运用到所有行业。白俄罗斯拥有相对强大的科学技术体系，因而引起中国专家的极大兴趣。

20世纪90年代后期，由于白俄罗斯各部门、大使馆、科研单位和企业的积极行动，我们在打开中国市场的这一关键环节上迈出了重要的步伐。如建立了两国政府科技合作委员会，确定了科学机构之间的直接联系，定期举办科技节、展览会和交易会等。

1996年10月两国政府科技合作委员会第一次会议在北京举行。会议通过了白俄罗斯与中国科技合作纲要，确定了各自负责执行具体方案的单位和官员。

鉴于白俄罗斯电子行业的高水平发展，1996年两国签署了一个电子部门的专项合作计划。与此同时，国家军事技术合作、科学技术合作计划也得到批准。这些计划包含300多个军民两用高新技术项目，对中国国民经济具有非常重要的意义。按当时的估测，这些合作计划和项目的总价值约为8亿到8.5亿美元。

1997年，白中政府科技合作委员会第二次会议在明斯克召开。会议同意将激光光学、电子、生物化学、机器制造技术作为新项目，增补到第一次会议通过的计划中。会上还达成了两国科学院联合制定行业合作纲要的协议。

1998年5月，在北京举行的委员会第三次会议通过了白俄罗斯和中国到2000年的科技合作纲要，确认了40个先前批准的项目执行情况（这比与许多其他国家的合作要多得多）。会议指出，委员会工作期间共审核了约300个合作项目，包括机器制造、电子工程、化学、新材料、航空工程、航天工程、农业、地质学、生物技术、仪器设备、医学、生态等领域。

用一个事实就可以说明两国科技合作的紧密程度：两年内，有40多个中国专家代表团访问了白俄罗斯。

1998年11月在白俄罗斯举办的“中华人民共和国科技日”中，中国有60位科学、技术和实业公司的代表参加了活动。

1999年6月，大使馆在中华人民共和国筹办了“白俄罗斯共和国科技日”。代表白俄罗斯科技界参加的有：白俄罗斯国立大学、白俄罗斯国立信息与无线电电子大学、国立“普拉纳尔”科学和生产康采恩、集成电路科学生产联合公司、白俄罗斯光学和机械联合公司、“佩连格”股份公司、“卡梅尔通”专业设计局、科学仪表设备企业、白俄罗斯科学院物理和技术研究所、维捷布斯克国立医科大学、白俄罗斯心脏病学科研所、白俄罗斯流行病学与微生物学科研所、白俄罗斯土壤改良与牧场经营科研所，以及一些小型创新型工业企业。

在科技日框架内，白俄罗斯代表团团长、国家科技委员会主席B. A. 卡伊肖克与中华人民共和国科技部领导、北京市和天津市副市长举行了会谈。代表团参观了北京经济技术开发区和天津高科技开发园，讨论了在科技创新领域深化合作的途径、两国科学和生产团体之间代表团互访的可能性。

在北京科技馆，26家白俄罗斯科学机构、大学、生产联合公司和企业成功地举办了研发和高科技产品展览。与会者举行了信息发布会和研讨会，白俄罗斯代表团成员还与潜在的中国伙伴多次举行工作会谈。

白俄罗斯科技日在中国媒体上引起了广泛的反响。中国各省和地区的政府机构和企业代表参加了这些活动。白俄罗斯国家科学技术委员会、国家科学院与中国科学技术委员会、区域性科学机构及中国九个省份签署的合作协定足以说明科技日活动的盛况。

军技合作

科技合作一直是两国军队多层次和多边合作的基础。

1996年9月，白俄罗斯共和国国防部长 Л. С. 马尔采夫中将对中国进行

◆ 1998年6月，白俄罗斯国防部长丘马科夫访华。

第一次正式访问。部长参观了中国人民解放军的部队和军事院校，与时任中国国防部长迟浩田上将举行会谈，并会见了时任中国国务院总理李鹏。中方强调，此访对发展两国军事合作具有重要意义，中国人民解放军愿意同白俄罗斯军队发展全方位、多层次的友谊与合作关系。1997 年夏，中国国防部长迟浩田上将对白俄罗斯进行了回访。

1998 年 6 月，白俄罗斯国防部长 A. П. 丘马科夫上将访华。访问结束时签署的议定书确定了执行所签合同的具体措施和今后发展军事技术合作的前景目标。有一个事实可以说明在这个领域的合作程度：1997 年有十多个中国代表团访问了白俄罗斯，我国也有同等数量的代表团前往中国访问。

1999 年 5 月，白俄罗斯共和国安全会议国务秘书 B. B. 舍伊曼访华。访问期间，他与时任中华人民共和国副主席胡锦涛，时任中华人民共和国中央军事委员会副主席、国防部长迟浩田上将，时任中华人民共和国国防科学技

◆ 1999 年 5 月，白俄罗斯共和国安全会议国务秘书舍伊曼访华。

术工业委员会主任刘积斌，时任中华人民共和国国家安全部长许永跃举行了会谈。这次访问有助于发展两国的军事技术联系，深化安全领域的合作。

新的任务

随着中国经济对外开放程度不断加深，中国市场的竞争也日趋激烈。这就提出了一个新的任务：必须采用新的、更加有效的形式开展双边合作。为了更好地应对不断变化的环境，我们大使馆向白俄罗斯政府机构和企业建议，合作重点应放在出口科技和应用技术成果、建立合作生产和服务中心、使用贷款提供工业设备、设立专门基金、使用灵活的金融结算系统上。

大使馆仔细研究了中华人民共和国经济改革和国民经济现代化、大型国有企业改革、直接吸引外国投资的经验。应我们的请求，使馆定期与中国国务院、全国人大、中共中央委员会、外交部等负责制定和通过中华人民共和国对外政治和经济政策的部门举行会谈。在会谈过程中，我们向他们介绍了白俄罗斯共和国领导在内外政策问题上的基本立场以及我国经济和社会的发展趋势。

大使馆在中华人民共和国新闻媒体和科研机构出版物上发布关于白俄罗斯对外政策、国内政治局势、对外经济立法的特点和进出口商品的优势等信息。1997 年，我们根据大使馆资料为中国商界出版了一本白俄罗斯专刊，发行量达 4 万份。次年，又与中华人民共和国社会科学院俄罗斯东欧中亚研究所联合出版了一本信息杂志，发行 1 万多份。

为了宣传白俄罗斯企业的合作能力，大使馆协同中国社会科学院、中国国家咨询公司和地方管理机构，经常举行关于白俄罗斯的经济研讨会。仅 1998 年，此类会议就在北京、长春、威海等多个城市举行。每次参会的公司代表以及主管对外经济关系发展的地方政府机构代表都有百余人。

1998 年，在使馆大楼内新设了一个常态化开放的陈列馆，展示白俄罗斯企业的样品以及介绍白俄罗斯自然、文化和民族的资料。大使馆还发布新闻稿，阐述白俄罗斯对内对外政策。这些新闻稿也传送到其他国家驻北京的大使馆。

使馆每个工作人员都根据自己的职能方向，为巩固和扩大双边的条约和法律基础而努力工作，致力于为白俄罗斯企业在经贸和科技合作上创造有利的法律条件。

在大使馆积极参与下，白俄罗斯共和国和中华人民共和国司法部拟定了知识产权保护协定、白俄罗斯共和国向中华人民共和国派遣专家协定、白俄罗斯共和国国家银行与中国人民银行合作协定、白俄罗斯司法部和中国司法部合作协定、中国电子商务中心和我国营销和价格行情中心合作协定以及民事和刑事法律援助条约等一系列文件。到 2000 年，两国共签署了近 30 个国家和政府间法律文件。

中国经济特区建立和运行的经验对于我们国家也非常重要。所以，大使馆定期向白俄罗斯部委和机构提供有关这方面的信息分析材料和具体建议。在安排白俄罗斯经济代表团访华时，我们也总是力争把参观经济特区并与其领导人进行会谈纳入日程中。

1996 年 8 月，根据大使馆倡议，中华人民共和国国务院经济特区办公室专家组对“布列斯特”自由经济区进行了为期一周的工作访问。1997 年 2 月，为了学习借鉴经验，白俄罗斯共和国国家机关和“布列斯特”自由经济区代表团访问了中国。同年 6 月，中华人民共和国国务院经济特区办公室的另一个代表团访问“布列斯特”自由经济区。1998 年 8 月，由市长带队的深圳市代表团在访问白俄罗斯期间，举办了关于“吸引外资、海关检查和对外贸易”的经验推介会。

架设运输通道

建立亚欧运输通道是发展白俄罗斯和中国合作的一个重要途径。1996 年 5 月，副总理 C. C. 林格参加了在北京举办的关于亚欧大陆运输通道问题的大会。这充分说明白俄罗斯领导对该问题的高度关注。

白俄罗斯铁路干线网络的潜力很大，不需要巨额投资就可将货运量增加约 1 倍。对中国来说，沿中国—哈萨克斯坦—俄罗斯—白俄罗斯—西欧这一铁路线发运货物，可以比海运节约 60%的时间和成本。然而，要组织货运，有关各国需要共同制定和协商出一套具有专业和经济性质的措施。我们大使馆也在研究这个问题。中方对把商品用货机运到白俄罗斯、然后再运往其他国家的方案很感兴趣。

20 世纪 90 年代，在独联体国家的零售贸易中，所谓的“倒爷”生意占主导地位，平均每天从天津空运至前苏联国家的商品价值约 850 万美元。据中华人民共和国对外贸易和经济合作部统计，1995—1996 年，白俄罗斯“跨国航空出口”公司每个月大约有 25 架包机飞往天津机场，“戈梅利航空”公司每月有 8 架，“白俄罗斯航空”公司每月有 4 架。其中一些航班是纯粹的货运，另一些除了运载商品外，还搭载运送商品的“倒爷”。他们每年运出价值超过 2000 万美元的商品。

不过，使用白俄罗斯航空公司服务的主要是乌克兰公民。由于一些原因，他们将商品转运到白俄罗斯，然后再用汽车运往乌克兰，这样更为方便。而经商的白俄罗斯公民很少去中国，一般他们只到近一些的国家进货。

除货运交通外，大使馆对开辟明斯克和北京之间的直达客运航班特别感兴趣，因为这能为发展公民旅游、商务旅行和互访开辟更多的新机会。最初，中方坚持从白俄罗斯来的飞机只能在距离北京 100 多公里的天津机场起降。而对我们来说，两国首都间的交通至关重要。与往常一样，白俄罗斯驻华使馆工作人员是白俄罗斯和中国专家之间联络的重要一环。经过多次会谈和协商，我们解决了问题。1997 年 7 月 26 日，“白俄罗斯航空”公司的第一架客机在北京机场着陆。定期直航客运开通了！我们对它寄予厚望。

为了开展航班的日常工作，“白俄罗斯航空”公司向北京派驻了代表。无论当时还是今天，中国都具备满足航班及其高经济效益的必要条件。这些条件就是：我们两国公民相互旅行的数量不断增长，大量代表团互访以及明斯克至北京的航班可以与其他国际航班对接。遗憾的是，随后不论是“白俄罗斯航空”公司代表，还是航空公司本身，都没能充分利用和发展这些机会。于是在 2000 年年初，这条航线的航班就渐渐地销声匿迹了。

国际问题上的相似立场

自 20 世纪 90 年代后期开始，我们两国对外政策部门领导人就定期举行会晤，两国外交部相互磋商。1996 年 2 月至 3 月，部级之间磋商的主题是两国在人权问题上协调行动。这一问题特别紧急，因为在联合国人权委员会会议召开前夕，美国正准备与一些西方国家一道提出反华提案。

1996 年 4 月，白俄罗斯共和国外交部长 В. Л. 先科访问中国。访问期间，两国外交部签署了一项信息合作协议。先科在中国外交学院发表了关于白俄罗斯共和国内外政策的演讲。从对部长提问的频率和涉及的范围可以看出，听众对我们国家的兴趣非常高。

同年 9 月，白俄罗斯共和国外交部副部长 И. И. 安东诺维奇访华，双方就人权问题交换了意见。1998 年 6 月至 7 月，安东诺维奇作为白俄罗斯共和国外交部长访问中国。中方听取了白俄罗斯在北约东扩问题上的立场、白俄罗斯总统卢卡申科关于在欧洲建立无核区的倡议、白俄罗斯共和国寻求不结盟运动完全成员国资格的意愿。

1999 年 5 月在北京举行的我们两国外交部轮流磋商中，讨论了南斯拉夫局势。时任中华人民共和国外交部长唐家璇接见了代表团团长、白俄罗斯共和国外交部副部长 B．E 萨多霍。唐家璇外长指出，两国在重大国际问题上的立场相似。白俄罗斯和中国发表声明，谴责北约对南斯拉夫的侵略行为，呼吁北约立即停止轰炸并通过谈判途径解决科索沃冲突。

当时，中国各地爆发了针对西方国家在南斯拉夫侵略政策的抗议浪潮。在北约轰炸贝尔格莱德的过程中，多枚导弹袭击了中国大使馆，几名外交人员不幸遇难。许多示威者涌到北京市中心街道，包围了美国大使馆。愤怒的人们高呼反美口号，臭鸡蛋和油漆瓶砸向大使馆的院落和大楼。

在这个艰难复杂的时期，白俄罗斯和中国表现出团结一致的立场。中国媒体报道，白俄罗斯总统卢卡申科的声明表示，北约在南斯拉夫的行为“反映了这个军事政治集团的成员国不顾法律和道德准则，企图根据自己的情况和自身利益惩罚一系列国家和人民”。白俄罗斯的立场在数以百万计的中国公民心中引起极大的反响并得到称赞。

中华人民共和国领导人注意到白俄罗斯在解决科索沃危机中发挥的积极作用。中国支持白俄罗斯、印度和俄罗斯于 1999 年 3 月在联合国安理会投票表决时提出的谴责北约对南斯拉夫空袭的决议草案。

白、中两国在国际组织中富有建设性和日益协调的相互关系是基于两国对外政策原则的相似性。我们两国在一些重大问题上的立场几乎一致，例如：不允许一些国家以“侵犯人权”为借口干涉他国内政；主张世界向多极化方向发展；奉行非集团不结盟政策；支持在全球安全领域实行核裁军和遵守现行协定的倡议；在对联合国及安理会的结构和职能进行改革时，要考虑到所有国家的利益。

20 世纪 90 年代，美国及其盟友开始积极利用人权问题向“不合他们心意的”国家施压。美国利用联合国等国际组织，通过谴责决议，为自己的行径制造法律依据，随后对这些国家实施政治和经济制裁。

作为联合国人权委员会成员，白俄罗斯在 1996 年和 1997 年的委员会会议上，两次投票反对西方国家针对中国人权问题发起的反华决议提案。

有一个事实可以证实人权问题上合作的重要性。1996 年 5 月，时任中华人民共和国主席江泽民致信白俄罗斯共和国总统卢卡申科，对白俄罗斯在联合国人权委员会会议上给予中国的支持表示感谢。他在信中表示，中方将在必要时支持白俄罗斯。

在 1996 年 11 月选举联合国国际法庭委员会成员和 1997 年 11 月的反酷刑委员会选举中，白俄罗斯支持中国的候选人。当联合国审议减免白俄罗斯共和国的联合国会费、呼吁国际社会为消除切尔诺贝利核电站事故后果而向白俄罗斯提供援助时，中国支持白俄罗斯。

为了讨论白俄罗斯与中国在国际组织中的合作问题，时任中国外交部长唐家璇于 1998 年 3 月接见了我。部长指出，两国在重大国际问题上有着相似的立场。白俄罗斯共和国总统卢卡申科与中华人民共和国主席江泽民的会晤对于快速发展白中关系具有特殊作用。

白俄罗斯在台湾问题上的原则立场，对增进两国关系具有非常重要的意义。白俄罗斯一贯坚持“中华人民共和国政府是唯一代表中国的合法政府。台湾是中华人民共和国领土不可分割的一部分”。白俄罗斯驻联合国代表一直投票反对某些国家将“恢复台湾在联合国成员席位”的问题纳入联合国大会讨论议程。

两国议会和文化部的合作

在整个双边关系中，议会之间的联系作用重大。1997 年 2 月，时任中国全国人大常委会委员长乔石接见了我，我阐述了我们对发展两国议会关系的看法。乔石委员长对拟定的议会之间合作和今后议会代表团互访的协议表示支持。

从 1996—2000 年，中国共有四个全国人大代表团访问白俄罗斯，其中两个代表团分别由时任全国人大常委会副委员长铁木尔·达瓦买提和何鲁丽带队。1997 年 7 月，白俄罗斯国民会议代表院（议会下院）国家建设与地方自治章程委员会代表团访问了中国。

1998 年 3 月，以代表院主席 A. A. 马洛菲耶夫和共和国院（议会上院）主席 П. В. 什布科为首的白俄罗斯共和国国民会议代表团访问中国。白俄罗斯议员们与时任中华人民共和国主席江泽民、时任中华人民共和国全国人大常委会委员长李鹏举行了会晤。马洛菲耶夫在中国社科院发表演讲。白俄罗斯议会代表团在四川省研究了农业改革经验，在上海了解了中国这个最大工业中心的社会经济发展特点。

◆ 1998 年 3 月，代表院主席马洛菲耶夫和共和国院主席什布科率领白俄罗斯国民会议代表团访问中国。

议会代表团在访问期间广泛交流立法活动的经验，相互介绍经济改革的进程、国家管理体制以及地方自治机构的活动情况，互访取得积极成果。

文化界对巩固双边友好关系也具有重要意义。1995 年年底，白俄罗斯共和国文化出版部与中华人民共和国文化部签署了为期两年的合作议定书。双方在两国轮流举办国家文化日。除了官方活动外，还举办演员巡回演出、展览、电影放映、创作人员见面会等活动。

1996 年 6 月，白俄罗斯首次在中国举办国家文化日。在天津和北京故宫的一个大厅里，分别举办了白俄罗斯民间艺术作品展。

1999 年 6 月，根据合作议定书，白俄罗斯文化日再次在中国举行。前往参加活动的白方代表团由文化部副部长 B. K. 格德罗伊茨率领。代表团成员包括白俄罗斯艺术学院院长 P. Б. 斯莫里斯基、白俄罗斯音乐活动家协会主席 M. П. 德里涅夫斯基和白俄罗斯戏剧活动家协会主席 A. A. 杜达列夫。时任中华人民共和国文化部长孙家正会见了代表团，就深化双边文化合作进行

◆ 1999 年 6 月，白俄罗斯艺术家版画展在北京隆重开幕。

了讨论。代表团成员与中国戏剧家协会、中国音乐家协会的同行们举行了会谈。故宫里还为 18 位白俄罗斯艺术家举办了版画展览。

在德里涅夫斯基指挥下，白俄罗斯共和国 Г. И. 齐托维奇国家模范民间合唱团的演出获得了巨大的成功，特别是当演唱中国耳熟能详的军旅歌曲时，大厅里爆发的掌声经久不息。В. Н. 叶利扎里耶夫率领的国家模范大剧院芭蕾舞团、В. В. 杜德克维奇率领的白俄罗斯国家歌舞团的演员们都以精湛的表演征服了观众。白俄罗斯艺术团体在北京的演出场场观众爆满，赢得了中国新闻界的盛赞。

年轻人传递接力棒

教育界是发展两国关系的重要组成部分。中国有很多年轻人希望在白俄罗斯接受高等教育，这主要得益于我们的教育质量高，人身安全保障系数高，拥有教育所必需的物质和技术基础，而学习和生活成本比较低，可以说，这些条件优于独联体其他国家。

1996 年，白俄罗斯共和国教育和科学部与中华人民共和国国家教育委员会签署了合作协定。对使馆来说，当务之急是两国互相承认教育文凭。于是我们制定了这样一个目标：在短时期内拟定并于随后签署白中政府间关于相互承认两国教育机构颁发的学历证书的协议。1998 年 10 月，在白俄罗斯教育部长 В. И. 斯特拉热夫访问北京期间，这项协定得以签署。

此后，到白俄罗斯高等院校学习的中国年轻人以及在华学习的白俄罗斯年轻人的数量迅速增长。1995 年，在中国学习的白俄罗斯大学生是 5 人，在白俄罗斯学习的中国大学生和研究生为 8 人，而如今在白俄罗斯的中国学生数量已接近 2000 人，占外国留学生总数的 15%。

1999 年，大使馆开始研究与中国合作培养外交干部的可能性。我曾与中华人民共和国外交学院的领导就白俄罗斯国立大学与中国外交学院的合作协议草案进行协商。

1999 年 6 月，大使馆安排了白俄罗斯高等教育评定委员会第一副主席 A. И. 列斯尼科维奇院士访华。双方就筹备政府间“互相承认学位证书的协议”进行了讨论。2000 年 7 月，该协议得以签署。

应中国青年联合会邀请，白俄罗斯共和国国家青年事务委员会主席 A. Г. 波兹尼亚克于 1999 年 6 月率团访华。波兹尼亚克与中国青年联合会主席举行了会谈，并与中国全国人大常委会副委员长、中国共产主义青年团中央委员会第一书记会晤。除了北京，代表团还访问了天津和上海，了解学习当地青年联合会、中国儿童发展基金会、少年宫开展青少年工作的经验以及当地青年活动情况。访问结束，双方签署了白俄罗斯共和国与中华人民共和国青年组织双边合作协定。

◆ 明斯克城市执行委员会主席叶尔莫申会见中华人民共和国教育部代表团。

合作与友谊的新桥梁

在两国州（省）、市、区、友好协会和社会组织、新闻媒体之间的多方面合作中，大使馆始终给予协助。比如，安排高密市代表团访问博布鲁伊斯克市，安排巴拉诺维奇市代表团访问洛阳市，安排莫吉廖夫代表团访问武汉等城市。

1999 年 5 月，应北京市人民政府邀请，明斯克市执行委员会主席 B. B 叶尔莫申率领代表团访问了中国首都，与时任北京市委书记贾庆林、时任市长刘淇、时任市人大常委会副主任范远谋举行了会谈。代表团成员参加了“99 北京高新技术产业国际周”的开幕式等活动。叶尔莫申在高新技术产业国际周期间拜见了时任中华人民共和国国务院总理朱镕基。

在会谈中，白方向中方提出了首都间合作的具体方案。两个城市的市长签署了明斯克和北京友好关系备忘录。

为了扩大白俄罗斯在中国媒体上的影响，大使馆安排了中国中央电视台国际体育节目摄制组前往白俄罗斯，采访报道白俄罗斯运动员的成就，并在全中国播放。1998 年年初，白俄罗斯国家广播电视公司电视新闻部代表团访问中国，与中国记者协会、中国社会科学院俄罗斯东欧中亚研究所及中国其他组织的同行举行了会谈。

1999 年夏，中央委员会第一书记 B. B. 齐肯率领的白俄罗斯共产党代表团访华，与时任中国共产党中央委员会政治局委员、中国社会科学院院长李铁映，时任中共中央对外联络部部长戴秉国及其他中国共产党领导人举行了会晤。

两国友好团体之间的联系非常活跃。1999 年，白俄罗斯对外文化联络友好协会主席团副主席 H. C. 伊万诺娃访问了中国。

1998年，大使馆安排北京12岁的艺术新星詹艳阳（音译）到白俄罗斯旅行，引起两国公众的关注。小女孩曾在绘画比赛中多次夺魁，她将自己的画作寄给卢卡申科总统，向他祝贺即将来临的新年。她在信中写道，她对白俄罗斯怀有浓厚的兴趣，想到我们国家去一趟，希望见到总统，结识和她年龄相仿的孩子们。收到卢卡申科的回信和前往白俄罗斯的邀请函时，小女孩万分高兴。

白俄罗斯总统对一个中国普通女孩的请求作出回应，这一事情引起中国公众的强烈反响。中国媒体详细报道了詹艳阳的白俄罗斯之行以及她与具有同样天赋的孩子们见面的情形。报道特别指出，卢卡申科总统亲自接见了她，与她交谈，并表示欢迎中国所有青少年到白俄罗斯访问。毫无疑问，所有这一切都增加了中国人，尤其是中国青少年对我们国家的兴趣。

◆ 卢卡申科总统会见应邀前来白俄罗斯的中国少年詹艳阳（音译）。

总结

2000 年 4 月，我完成了白俄罗斯共和国驻中华人民共和国第一任大使的工作任务。在上述材料中，我尽力反映白俄罗斯和中国合作的重要阶段和方面。当然，5 年任期里还有更多的事件与成果，最重要的是，这一阶段是我们两国关系走向战略合作的根本转折点。发展与中国的关系成为白俄罗斯共和国对外政策的优先方向；最高层和高层进行定期互访，开启了议会对话；各部门间的合作蓬勃发展。

5 年间白俄罗斯贸易额增长了 6 倍，出口增长了 9.6 倍。这一时期白俄罗斯产品出口额超过了进口额。对中国出口的增速超过德国和美国等其他国家。根据官方统计，在白俄罗斯共和国 1999 年的外贸总额中，与中国的贸易比重达到 7.4%。

在白俄罗斯对华出口结构中，高端复杂技术和科学产品、高等院校和科学院机构的研究成果所占比重很大。而从中国的进口中，生产用途的产品和配件占 75%。

我认为，我顺利地完成了我国总统在任命我为驻中华人民共和国大使时赋予我的使命。

进入21世纪

（2000—2003年）

弗拉基米尔·鲁萨凯维奇

作者简介：弗拉基米尔·瓦西里耶维奇·鲁萨凯维奇

1947 年出生于白俄罗斯布列斯特州伊万采维奇区维果诺西村。

1970 年以优异的成绩毕业于白俄罗斯格罗德诺师范学院生物化学系。1983 年毕业于格罗德诺农业经济学院农学系和明斯克高级党校。

曾在苏联军队服役。先后担任中小学教师、校长，并在共青团和党组织任职。1986 年起担任布列斯特州康采维奇区执委会主席，后升任布列斯特州执委会副主席。

1994 年当选白俄罗斯共和国最高苏维埃副主席，后被任命为白俄罗斯共和国副总理。1997 年起担任白俄罗斯共和国总统办公厅第一副主任。

2000—2003 年任白俄罗斯共和国驻中华人民共和国特命全权大使。

2003—2009 年任白俄罗斯共和国信息部部长。

国家最高级别公务员、特命全权大使外交职衔。曾当选区、州两级议员，白俄罗斯共和国最高苏维埃代表和苏联最高苏维埃代表。

荣获国家荣誉勋章、弗朗西斯科·斯科林纳勋章和多枚奖章。

转向中国

早在被派往中国工作之前，我作为白俄罗斯共和国政府成员，就曾负责组织和安排多场白中合作的重要活动。

1997 年，我负责白俄罗斯参加第五届北京国际锂电池工业展的筹备工作并率领政府代表团前往参展。这是白俄罗斯企业首次在中国市场亮相，我们受到高规格接待，可以看出，中方对与我方开展更加积极的经贸合作很感兴趣。1998 年 9 月，我再次率领白俄罗斯代表团参加在北京举办的第四届世界妇女大会，并在全体会议上发言。

我在白俄罗斯也有机会与中国访白代表团的领导会面，参与制订两国国家间协议等工作。渐渐地，我与中国驻白俄罗斯的外交官们，例如大使王行达、赵希迪、吴筱秋等建立了很好的私人友谊。

我努力地从近距离了解这个伟大民族的历史和文化，研究其内外政策走向，更重要的是，我理解白俄罗斯对中国的政策。虽然我不敢说自己是一位“中国通”，但在一定程度上，我已经做好了迎接人生中“转向”中国的准备。

2000 年 7 月 21 日，白俄罗斯总统卢卡申科颁发了第 405 号总统令：“任命弗拉基米尔 · 瓦西里耶维奇 · 鲁萨凯维奇为白俄罗斯共和国驻中华人民共和国特命全权大使，并授予特命全权大使外交职衔。”

在这项总统令签署 4 天后，即 7 月 25 日，时任中华人民共和国副主席胡锦涛对白俄罗斯共和国进行了为期 3 天的正式访问。7 月 27 日，白俄罗斯共和国总统卢卡申科和中华人民共和国副主席胡锦涛签署了《白俄罗斯共和国和中华人民共和国关于在二十一世纪加强全面合作的联合声明》。声明强调，“双方愿在平等互利基础上扩大和深化经贸合作，使之达到与两国友好关系及经济潜力相适应的水平”。

这一文件的签署对我来说是一种战略定位，它决定了我在中国开展工作的实质和基本方向。

“鲁萨凯维奇先生，您一定会成功！”

经过长途飞行后，飞机开始降落。我透过舷窗，仿佛看到我的家乡波列西耶地区熟悉的景致：四周绿树成荫，杨树高耸入云。在那一刻，我所看到的这个神秘的国家就是这样的。我从小就知道中国有雄伟的长城和伟大的思想家孔子，可现在我所面临的却是一个全新的任务：我必须深入地认识这个大国，让它克服遥远的地理距离，走近白俄罗斯，走近那个把中国人民看作自己的亲密战友和好朋友的国家。

适应新环境和新工作的过程并不容易，当时几乎没有白俄罗斯人在中国生活。我们必须承认，在这个方面，欧洲国家对我们的同胞更有吸引力，但是最近这些年越来越多的白俄罗斯人开始转向中国。

我要学的东西很多。在白俄罗斯外交部的协助下（副部长 В. П. 普加乔夫主管我们），我们组建了一支工作能力很强的专业团队。当时与我一起在白俄罗斯驻华使馆工作（有人工作 3 年，有人不到 3 年）的有 В. П. 阿列克谢先科、И. Н. 巴巴克、С. Р. 别洛戈尔采夫、И. А. 维利奇科、В. Л. 沃罗别伊、С. Д. 戈龙佳、А. Ю. 茹拉夫列夫、П. В. 泽列恩佐夫、О. И. 卡尔纳切夫、С. М. 科萨雷夫、В. П. 克雷洛夫、Т. Н. 列斯科夫斯卡娅、Н. А. 鲁斯金娜、А. М. 梅里什科维奇、Н. Ф. 涅瓦尔、И. М. 帕什科夫斯基、В. Л. 谢纽塔、А. Е. 西多罗维奇、Н. Г. 西尼察和 В. Б. 肖罗霍夫。我非常感激这些同事，他们每一位都将自己投入进来，组成我们这个协调一致、目标明确的工作集体。

我们也经常得到中国外交部的帮助。我时常想起时任中国外交部副部长刘古昌、时任外交部欧亚司司长李辉和欧亚司工作人员那些充满善意的话语。当时北京有一个独联体国家大使俱乐部，那里成了我真正的家。这个俱乐部的负责人是一位心胸宽广的杰出外交官，他就是时任俄罗斯联邦驻华大使的罗高寿先生。每当我需要帮助时，他总是能给我建议和支持。

更重要的是，我身边总有一些热情善良的中国人，他们打心眼里尊重白俄罗斯，经常为我们安排研讨和旅行，组织各类学习。他们乐于和我们分享经验，以便让我们摸索出互利合作的新增长点。中国人的开诚布公征服了我：他们信任我们。

当时陪在我身边的还有我亲爱的妻子索菲娅·弗拉基米罗夫娜和儿子亚历山大，他后来毕业于北京语言大学和对外经济贸易大学。令我吃惊的是，我儿子很容易就掌握了汉语，显然，他所处的语言环境起了作用。

◆ 2000 年 8 月，鲁萨凯维奇大使和妻子、儿子在北京的第一天。

我想着重指出的是，中白两国关系的发展从未出现过停滞，渐入佳境、蒸蒸日上的友好与合作关系是其显著特征。我在中国工作的时候正赶上两国建交十周年，那个时期白俄罗斯一直是中国在东欧和独联体国家的固定伙伴。

白中政治关系达到了相互理解、相互合作的高水平，两国之间基本不存在悬而未决的问题。20 多份政府间协议生效，为双边合作的发展创设了必要条件。中国成为白俄罗斯在亚洲最大的贸易伙伴，在白俄罗斯外贸总额中排名第 11 位。白中两国还确立了在教育、科技和文化领域开展合作的基本形式。

我知道，要为这样的双边关系赋予新的发展动力并不是一件容易的事。卢卡申科总统对我的期望时刻鼓舞着我，他在 2000 年 8 月 17 日致时任中华人民共和国主席江泽民的国书中写道："阁下，为发展和巩固白俄罗斯共和国与中华人民共和国的友好关系，我决定向阁下您派出弗拉基米尔·鲁萨凯维奇为特命全权大使。他出色的职业素养令我相信，他会忠实地履行自己的义务并获得阁下您的支持和尊重。在委任弗拉基米尔·鲁萨凯维奇时，我请阁下您能够厚待他并相信他代表我和白俄罗斯共和国政府所说的一切。"

2000 年 8 月 31 日，我向江泽民主席递交了国书，这是非常值得纪念和令我激动的一大。根据外交礼节，我向江泽民主席郑重声明：

"尊敬的主席阁下！能将自己作为白俄罗斯外交官的到任国书递交给您这样一位卓越的国家领导人和当代政治家，我感到万分荣幸。

"白俄罗斯的人民和领导人都知道，主席阁下您是白俄罗斯共和国和中华人民共和国友好关系蓬勃发展的鼓舞者，为此我们向您表示由衷的感谢。

"我很愿意向您转达白俄罗斯总统卢卡申科对您的诚挚问候，以及他对您和全体中国人民的美好祝愿。卢卡申科总统衷心感谢您邀请他访华，胡锦涛先生已向他转达了您的邀请。我方计划于明年第二季度进行访问。

"主席阁下，我们非常重视与中国人民的友谊。对我们来说，这是非常神圣的。我作为特命全权大使，将为进一步增进两国人民友谊、发展双边互利合作竭尽全力。双边关系发展的基础已经建立，白中关于在二十一世纪加强全面合作的联合声明的签署是非常重要的一步。这份声明再次确认，白中两国关系有着良好的现在和光明的未来。为落实这份声明的基本条款，白俄罗斯所有国家机构和经济部门都将积极开展工作。”

随后，江泽民主席表示：“谢谢您，同时也祝贺您，鲁萨凯维奇先生。您一定会成功！请您转告卢卡申科总统，中国高层领导将继续奉行大力发展和巩固我们两国友谊与合作的方针。”

江泽民主席的这一席话对我来说更像是为我壮行的赠言。不久后，2001 年 4 月，白俄罗斯总统卢卡申科对中国进行国事访问。他与时任中华人民共和国主席江泽民、时任中华人民共和国全国人大常委会委员长李鹏以及时任国务院总理朱镕基分别举行了会晤和会谈。

在访问结束时，卢卡申科总统和江泽民主席签署了联合声明，双方就国

◆ 独联体国家的驻华大使在北京合影。

际形势和双边关系的重大问题阐述了一致的观点和看法。声明指出，“通过共同努力，两国已建立政治、经贸、科技、人文领域互利合作的条约法律基础和组织机构”，“二十一世纪的到来为白中关系的发展开辟了更加广阔的前景”。

2001 年 7 月，江泽民主席对白俄罗斯进行国事访问。这是白中建交以来中国国家元首首次对白俄罗斯进行国事访问。正如当天发表的联合新闻公报所说，此次访问“为新世纪双边关系长期、稳定发展注入了新的活力”。

高层互访成为推动白中关系发展的强大动力。在“一对一”会晤中，两国元首讨论了一些重大原则性问题并作出决定。在这些决定的基础上，我们外交官们研究制定了发展双边关系的路线图。

经贸合作

我对中国的认识越来越深刻，中国人民的吃苦耐劳和勤劳致富的坚定信念打动了我。严格的纪律、高超的专业水平、能够立即组织生产市场紧缺商品的能力都是中国人的特点。正因为如此，中国的商品在世界上越来越受欢迎。还有个事实对我们来说很重要，那就是中国人开始对白俄罗斯的产品感兴趣了。

发展两国的经贸关系是我们使馆活动的战略方向，前面我也提到了两国在经贸合作方面的积极趋势。与此同时，白俄罗斯共和国总统卢卡申科在白中建交 10 周年写给时任中华人民共和国主席江泽民的贺信中指出，“白俄罗斯和中国在扩大经贸与科技合作领域的潜力还没有被充分利用。我们应该尽最大努力实现贸易多样化，寻找新的路径落实合作项目”。

两国领导人在明斯克会晤期间也表示，相信在近几年内双边贸易额将达到 5 亿美元。坦白说，这个任务很艰巨，但 2002 年的结果表明这是可以实现的。

◆ 白俄罗斯共和国驻外大使在明斯克会议后合影。

2002 年白中贸易额创下双边关系发展的历史纪录，高达 2.639 亿美元，占白俄罗斯与亚太地区国家贸易总额的 47.5%，与 2001 年相比增加了 7950 万美元。白俄罗斯对华出口大于进口的趋势也保持下来：2001 年白俄罗斯对华出口额为 1.4305 亿美元，2002 年增长到 2.174 亿美元；2001 年白俄罗斯对华贸易顺差为 1.017 亿美元，2002 年提高到 1.709 亿美元。

白俄罗斯对华出口的主要产品依然是钾肥，钾肥出口占白俄罗斯对华出口总额的近四分之三。白俄罗斯政府、外交部和企业负责人与我们一起积极工作，为实现白俄罗斯对华出口的多样化付出了不少努力。这项任务在一定程度上也顺利完成了，因为白俄罗斯对华出口产品的种类丰富了很多。

2002 年，白俄罗斯对华出口的 62 种主要商品中有 40%是首次出口中国，新出口的商品有预制碳钢、空心管、钢型材、接收和传输设备的零件、地形测量和导航仪器等，这让我们非常欣喜。

2002 年白俄罗斯对华供货额增长，主要涉及金属产品（5180 万美元）、电子集成电路和微组件（700 万美元）、汽车和拖拉机零件和设备（690 万美元）、卡车（390 万美元）和自动信息处理机（120 万美元）。白俄罗斯科学生产联合公司集成电路 2002 年对华供货额为 840 万美元，2003 年年底该公司在上海设立代表处并将供货额提高到 900 万美元。

白俄罗斯国营企业白俄罗斯冶金厂在中国市场也明显活跃起来。2002 年白俄罗斯冶金厂向中国出口商品达 3510 万美元，这在很大程度上得益于 2002 年 5 月在北京签署的白中《政府间保持正常贸易关系互谅备忘录》。

在使馆的积极协助下，白俄罗斯和独联体国家最大的生产联合公司——白俄罗斯戈梅利农机公司进入中国农业收割机械市场。2001 年，戈梅利农机公司为中国提供了 14 台“KG—6”型饲用作物联合收割机。2002 年 9 月白俄罗斯企业代表团访华期间，该公司与中国农业技术示范、推广和国营农场新技术引进中心签署了经销协议。

随着白俄罗斯对华出口商品名录的扩大和白俄罗斯传统商品供货量的不断增多，虽然钾肥供货量在 2002 年比在 2001 年增加 10300 吨，但其在白俄罗斯对华出口总额中的占比却从 2001 年的 77.3%下降到 2002 年的 55.6%。白俄罗斯在中国市场的最大出口商有生产联合公司白俄罗斯钾肥、国营企业白俄罗斯冶金厂、科学生产联合公司集成电路、国有企业明斯克轮式牵引车厂和生产联合公司“别拉斯”汽车制造厂。

我们使馆工作人员一直致力于为中国企业和公司提供信息，创设机会，帮助他们与白俄罗斯开展经贸与投资合作。为此，使馆出版了中文杂志，并在中国媒体上发表文章。我们使馆还把派遣馆员参加中方举办的各种会议和经济论坛作为一种重要的工作形式。仅 2002 年，白俄罗斯驻华使馆外交官就参加了 5 场会议、国际进出口贸易博览会和一系列活动，并在活动中作报告推介白俄罗斯共和国的投资环境和投资项目。

不断开拓中国市场

我在大使的位置上始终牢记自己的使命：做白方与中方的纽带，让合作效益最大化。

我的外交工作的一个重点，就是让中国官方和商界了解白俄罗斯经济的潜力。在我们使馆倡议下，2002 年 3 月，白俄罗斯和中国经贸合作发展问题研讨会在北京举行，来自中国对外贸易与经济合作部、中国对外贸易促进会、中国计划与发展委员会的代表和来自广东、河南、辽宁、吉林、山东、福建、山西等省份的对外经济联络委员会的代表，以及中国工业、贸易和投资公司的代表出席。

与会者了解了白俄罗斯共和国的投资法和海关法，以及领事签证政策的特点。明斯克轮式牵引车厂、白俄罗斯钾肥公司和“别拉斯”汽车制造厂等白俄罗斯驻华企业的代表们在会上发言。我们还举行了双边会谈，两国工商业界建立了互惠联系，中国的中央媒体对本次会议作了报道。

在这里，我想着重谈一个在中国落地的最成功的白中合作项目，这就是由中国航天三江集团和明斯克轮式牵引车厂合资共建的“三江瓦力特”特种车辆有限公司。根据我们使馆的提议，三江集团党委书记孙梅初和合资企业“三江瓦力特”总经理王建被授予白俄罗斯共和国荣誉勋章。2001 年白俄罗斯共和国总统卢卡申科对中国进行国事访问期间，白俄罗斯副总理兼外交部长 M. M. 赫沃斯托夫向他们俩颁发了这一国家勋章。

◆ 2000 年 1 月，白俄罗斯国民会议共和国院（上院）代表团参观中白合资企业“三江瓦力特”。

◆ 三江集团党委书记孙梅初和合资企业“三江瓦力特”总经理王建被授予白俄罗斯荣誉勋章。

我觉得，还有必要讲一讲“别拉斯”汽车制造厂在那几年为巩固中国市场所开展的重要工作。2002 年，该厂为中国提供了价值 390 万美元的重型自卸卡车，比 2001 年增长 44%。2002 年 5 月，“别拉斯”汽车制造厂董事长 П. Л. 马里耶夫访问中国，着手研究在中国和中方合作组装白俄罗斯采矿设备的技术与经济问题。为实现这一约定，白方在 2002 年 10 月为中国伙伴生产和运输了 4 台“别拉斯—75558”型自卸卡车，用于试组装、操作测试和认证。双方还签署了在 2003—2007 年期间为中方提供 185 台载重量分别为 30 吨、42 吨和 55 吨的自卸卡车的长期合同。

在 21 世纪最初那几年，很多白俄罗斯企业因为感受到白俄罗斯政府的支持和来自中国市场的兴趣，将商务合作转向中国。我们使馆一直帮助明斯克汽车制造厂（简称“马兹”）的领导人能有机会再次进入中方市场。2002 年“马兹”就组装该厂产品加强了与长春华航集团的合作。2002 年 5 月，双方签署了关于在中国市场开展合作的意向书，同年完成了“FAW”型驾驶舱适应“马兹—551605”型自卸底盘的试验设计工作。

明斯克拖拉机厂也尝试占据中国农业技术市场的一席之地。该厂领导人与中国一家拖拉机厂签署了为中方提供 10 台“白俄罗斯—520”型拖拉机全套零配件和 10 台“白俄罗斯—820”型拖拉机全套零配件的协议。双方一致决定，在完成这些机型的组装和投入使用后，将考虑在中国组装生产白俄罗斯拖拉机的可能性。

竞争对手的进攻策略

当然，我们也看到了一些问题，这些问题在我当时接受白俄罗斯《事业》杂志采访时就提到了。当时中国正在申请加入世贸组织，我们推测，在中国入世后，西方跨国公司和东南亚国家的公司将在中国市场活跃起来，那些与白俄罗斯对华出口相似的产品会涌向中国，而白俄罗斯生产商在中国的前景将取决于他们能在多大程度上利用已有条件把自家产品打入中国市场。

白俄罗斯对华出口形势并不乐观，我们企业产品的竞争力逐渐下降，在性价比方面越来越逊色于其他国家的商品。白俄罗斯企业（明斯克轮式牵引车厂、“集成电路”“阿加特”“别拉斯”汽车制造厂、白俄罗斯冶金厂）主要依靠与经销商、代理商签署协议或参加展览等方式推动产品进入中国市场。

对华出口额显著减少的还有白俄罗斯车床制造类产品。如果说以前明斯克自动线厂、明斯克十月机床厂、戈梅利基洛夫车床厂、白俄罗斯铸造工艺研究院和其他企业都曾给中国供货的话，那么，到 2002—2003 年只有戈梅利基洛夫车床厂和明斯克十月机床厂能向中国市场供货了。据中国专家评估，白俄罗斯生产商生产的车床设备按照性价比能够满足中国企业 3—5 年的需求，而后中国企业将更倾向于更加现代化的设备。

中国的大市场吸引了越来越多经济发达国家大公司的注意力。我们的竞争者采用了进攻战略，不仅压低价格，而且不惜赔钱来扩大自己的影响。例如，日本生产商通过明显的倾销（价格比之前报价降低 30%）打败白俄罗斯企业，拿到了数控纵向铣床的供货标书。

白俄罗斯微电子设备和光学系统生产商“普拉纳尔”康采恩也失去了在中国市场的地位。白俄罗斯企业失去巩固中国市场的机会，主要是因为他们几年前没有在中国建立自己的服务机构。很多中国公司开始转向使用更加现代化的技术，而“普拉纳尔”公司提供的微电子设备已不再让中方感兴趣。白俄罗斯企业没有付出足够的努力，没能和中国伙伴就在中国设立服务机构和联合生产设备达成协议。

我们的中国伙伴越来越频繁地指出，白俄罗斯商品和服务销售方的出口战略在产品推销、灵活报价、售后服务和备用零件这四个方面存在不足。比如，捷克重型载货汽车“塔特拉”和“热托”拖拉机在中国的形象要比我们的“马兹”和“白俄罗斯”更好，尽管当地专家都认为，我们的竞争对手无论从产品技术特点，还是操作能力方面，都无法与我们的产品相媲美。虽然捷克产品的价钱更高一些，但是大家愿意购买它的产品，关键就在于捷克生产商学会了如何在中国推销自己的产品，这是他们与我们最大的区别。

2000 年，明斯克飞往北京的定期航班被取消，这对双边经贸往来的发展产生了负面影响。我个人认为，出于对双边关系的高水平发展和未来前景的考虑，保留两国之间的定期航班是必要的。

高新技术

经贸合作无疑是白中两国合作的基础，双边贸易和生产发展的强化旋即在统计数字上体现出来。在新千年之初，白中双方都想凭借科学和新技术向前发展，在这个方面我们双方都有很大的潜力，只是需要找到合作的结合点。于是，解决这一战略问题成为使馆工作的首要任务。

2001 年 4 月，白俄罗斯共和国总统卢卡申科对中国的国事访问极大地推动了两国科技合作的发展。在白俄罗斯总统与时任中国国务院总理朱镕基会晤时，中国政府领导人指出，“为进一步加强合作，应最大限度发挥各自优势，着重发展高新技术合作”。卢卡申科总统也强调，白中双方在科技领域的合作潜力巨大，白俄罗斯将尽最大努力在高新技术方面加强与中方合作。

在本次访问期间，双方签署了关于保护知识产权的政府间协定。根据协定，双方应“依据本国法律法规和各自所加入的国际条约的规定有效保护彼此的知识产权”。

我们时常能够感受到中方对科技合作的兴趣，这不难理解。白俄罗斯的科学流派历来被认为是独联体国家中的佼佼者。在白俄罗斯和中国首都轮流举办的科技日活动对推动两国科技合作起了非常重要的作用。

这里我想提到一个专门的科技合作纲要，其在 2001—2003 年期间实施，具有特别重大的意义。这一纲要包括33个联合科研项目，涵盖了国民经济的众多领域。比如，白俄罗斯马铃薯栽培科研所和内蒙古自治区、吉林省、贵州省科技委员会联合开展了“白俄罗斯育种高淀粉含量品种马铃薯栽培原料区开发”项目。白俄罗斯“松树”科技综合体与清华大学核能技术研究所联合开展了“供热供电沸腾反应堆”项目等。

白方参与这一科技合作纲要的单位共23家，其中一些单位，比如白俄罗斯国立大学、白俄罗斯科学院微生物研究所、白俄罗斯国立信息与无线电大学分别参与了2—3项课题。我想特别指出，在中方参与该纲要的单位中，山东省科学院新材料研究所同时完成了4项科研课题。

通过分析《2001—2003科技合作纲要》实施情况，白方找到了加强白俄罗斯高新技术出口中方市场的一大机遇，那就是加强白方机构与中国地方（省级）科研机构和公司的合作。中方承担该纲要实施的25家单位中，有9家（36%）属于山东科学院。

◆ 白俄罗斯共和国国防部代表团访问中国，前排右三是鲁萨凯维奇大使。

我还想强调的是，白方正是从山东省开始发展与中国地方科技合作的。山东省拥有悠久的历史，这里曾诞生了孔子、庄子、诸葛亮、孙子、孟子等很多中国历史文化杰出人物，当时全省人口达 9000 多万，拥有一个很大的港口城市青岛市。首家白中科技园的开园仪式在该省的省会济南市隆重举行。

另一个白中科技发展联合中心设在中国东北的黑龙江省，这里拥有丰富的自然资源，工业和农业经济发达。2001 年 3 月，在该省代表团访白期间，双方签订了《关于白俄罗斯共和国与黑龙江省企业和单位开展科技合作的意向书》。在该省省会哈尔滨市成立的工业技术合作中心有一个特点，即它是由中国、白俄罗斯和俄罗斯三方合建的。

在与中国多省开展科技合作的过程中，白俄罗斯共和国部长会议科技委员会也与北京市、天津市、上海市、河北省和宁夏回族自治区的科技委员会建立了业务联系。

在这里，我想专门介绍白俄罗斯驻华使馆为推动白俄罗斯企业和机构的产品走向上海市这一中国国际化大都市所做的工作。中方，也就是上海生产微电子产品的华秀公司对白俄罗斯集成电路公司和半导体元件微系统企业的新研发特别感兴趣。集成电路公司的领导研究了与中方伙伴合作的潜力，决定在上海设立代表处，于 2003 年揭牌。这项工作做得很成功，2002 年白俄罗斯企业向中国出口电子集成电路和微组件的出口额超过 700 万美元。

2002 年 1 月，白俄罗斯共和国国民会议共和国院主席、白俄罗斯国家科学院院长 A. П. 沃伊托维奇访华。此次访问正值白中建交 10 周年。双方讨论了开展科技合作的现状与前景。白俄罗斯代表团参观了位于湖北省省会武汉市的东湖高新技术开发区。在深圳经济特区中心，白方代表团与中兴公司的领导举行了会谈。中兴公司是一家在中国和世界上都很著名的电信设备生产企业。

2002 年白中科技合作的法律合同中增加了一个非常重要的文件。7 月 19 日，签署了白俄罗斯共和国国家技术转让中心与清华大学技术转让国际中心开展合作的协议。清华大学是中国著名的高等学府之一，习近平、胡锦涛、吴邦国等中国杰出的政治家和科学、文化界活动家都毕业于该校。

2002 年 11 月 4 日至 9 日，由白俄罗斯共和国部长会议科技委员会主席 A. M. 鲁谢茨基率领的代表团访华，主要是参加白中政府间科技合作委员会第五次会议。除了在北京举行的正式会谈外，白方代表团还了解了位于山东省的首家白中科技园的工作情况，与黑龙江省的代表进行了会谈，因为俄罗斯—中国—白俄罗斯工业技术合作中心就坐落在那里。代表团还访问了河南省，并在该省省会郑州市建立了一个白中科技合作中心。

此次访问结束时，白中双方签署了《白俄罗斯共和国部长会议科技委员会与中华人民共和国科技部创新合作谅解备忘录》和《白俄罗斯共和国部长会议科技委员会与河南省政府关于在创新领域开展合作的协议》等两个法律文件。

就这样，白中地方科技合作发展战略得到了落实。

友城关系

在中国工作的这几年中，特别是在 2002 年，我把工作重点放在建立和发展白俄罗斯与中国城市和地区间的友好关系上。白俄罗斯布列斯特州的领导在这个方面表现得特别积极。

2001 年 9 月，时任中国人民政治协商会议湖北省委员会副主席程运铁率团访问布列斯特州。访问期间，双方签署了《关于赤壁市（湖北省）与巴拉诺维奇市（布列斯特州）缔结友好关系的协议》和进一步发展两市合作协议。“进一步”一词出现在协议中并非偶然，因为在 1998—2000 年期间，这两个城市之间已经建立了联系。中国的中医医生已经在巴拉诺维奇市工作，而来自这所城市的两名白俄罗斯眼科医生也在赤壁市完成了进修。2001 年 12 月，巴拉诺维奇市执委会主席 B. И. 季齐科夫斯基率团回访了赤壁市。

2002 年 8 月，由时任湖北省人民代表大会常务委员会副主任张洪祥率领的湖北省代表团再次对布列斯特州进行正式访问，主要目的是考察“布列斯特”自由经济区的工作条件和双方在医药产业开展合作的机遇。

同样，白俄罗斯的布列斯特市和中国湖北省的孝感市也建立了友好关系。我特别想提一下的是，在孝感市，白中联合企业“三江瓦力特”的运转非常顺利。2002 年 10 月，孝感市代表团访问布列斯特市。2003 年 8 月，布列斯特市代表团回访了中国。

2002 年 6 月，明斯克州执委会和重庆市（直辖市，当时人口约 3000 万）人民政府签署了《关于建立友好关系并开展经贸、科技和文化合作协议》。2002 年 7 月，在北京代表团访问白俄罗斯首都明斯克市期间，明斯克市执委会与北京市人民政府也签署了类似协议。

截至 2003 年年底，布列斯特州与湖北省、明斯克市与吉林省省会长春市、莫吉廖夫市与洛阳市、明斯克市的莫斯科区和青岛市崂山区、明斯克市的工厂区和大连市的金州区分别建立了友好关系。

学生交流热潮

白中在教育和文化领域的合作也在不断发展。近 10 年发展双边关系的经验坚定地证明，扩大和深化白俄罗斯和中国在教育文化领域的多元合作，是深化两国整体关系的重要因素。

我们使馆和白俄罗斯教育部合作，将工作重心放在为白俄罗斯和中国的高等教育机构建立直接联系上。2001 年 10 月，白俄罗斯重点高校校长代表团访华，在举行双边会谈之后，与中国高校签署了 7 项合作备忘录。

2002 年 11 月，受中国国家行政学院邀请，白俄罗斯共和国总统行政学院代表团访华。白俄罗斯代表团访问了中国国家行政学院和上海行政学院，签署了旨在交流行政管理干部培训和再培训经验、互换科研人员和教师的合作协议。

同年，应白俄罗斯国立大学之邀，中国外交学院代表团访问明斯克并签署合作协议。

白俄罗斯驻华使馆与白中两国相关机构保持合作，派遣中国学生前往白俄罗斯高校留学。2002 年赴白留学的中国学生超过 260 人，在白俄罗斯高校学习的中国学生总数累计接近 1000 人，大部分中国学生集中在明斯克的高校。白俄罗斯国立大学始终是中国留学生的首选之地，2003 年在该校就读的中国学生超过 300 人。

2003 年 12 月，白俄罗斯国立大学国际关系系设立汉学中心，这是白中教育合作的一个标志性事件，也是双方努力深化和扩大教育合作的有力证明。中国驻白俄罗斯使馆和特命全权大使于振起先生本人为该中心的设立给予很大帮助。

民族文化风情

白俄罗斯共和国和中华人民共和国牢固而稳定的双边关系也体现在文化合作领域。

每年在白俄罗斯首都和中国首都轮流举办的文化日活动，是真正的民族文化盛会。这一活动是依据白中部门间签订的合作议定书开展的。文化日活动一般包括两国国内最流行的艺术团体的演出、著名画家和其他艺术界代表人物的作品展等。

2000 年 9 月，中国文化日活动在白俄罗斯共和国举办，不仅在白俄罗斯首都，在巴拉诺维奇、利达、马里纳戈尔卡等其他城市也都举办了一系列活动，其中，在明斯克国家美术馆举办的中国书画展引起了很大的反响。为举办本次中国文化日活动，由时任中华人民共和国文化部副部长艾青春率领的文化部代表团访问了白俄罗斯。

2001年4月，在白俄罗斯共和国总统卢卡申科对中国进行国事访问之际，白俄罗斯文化日在中国举办。这次活动无论从规模还是内容上都与以往不同。活动分别在北京市和呼和浩特市（内蒙古自治区首府）举行，参加演出的有白俄罗斯国家音乐厅的“经典先锋”乐团和“摄像机”乐团，国际音乐比赛获奖者M. 列昂契克、A. 穆泽康托福和И. 斯捷潘佐夫，白俄罗斯共和国国家歌剧与芭蕾舞剧模范大剧院功勋演员、独唱演员O. 梅里尼科夫，B. 彼得罗夫，以及国际比赛获奖者B. 库尔巴茨卡娅和E. 萨罗。

在白俄罗斯文化日活动框架下，还举行了白俄罗斯当代绘画艺术展，其间展出了白俄罗斯著名画家Г. X. 瓦谢恩科、Л. Д. 谢梅廖夫、B. A. 托夫斯基克、A . B. 巴拉诺夫斯基、Л. A. 杜达连科和B. Φ. 史卡鲁博的绘画作品。

为参加本次文化日活动并签署部门间合作议定书，由白俄罗斯文化部长Л. П. 古里亚克率领的白俄罗斯共和国文化部官方代表团访问中国，并于2001年4月23日在两国领导人见证下签署了合作议定书。

根据议定书，2001年9月，宁夏回族自治区马戏团在白俄罗斯国家马戏团进行了演出。2001年11月，受中方邀请，白俄罗斯共和国文化部第一副部长B. П. 雷拉特科出席了第二届上海国际艺术节开幕式。

2002年1月至2月，双方举行了纪念白中建交10周年的一系列文化活动。拥有“苏联人民演员”称号的著名戏剧导演B. H. 叶利扎利耶夫率领白俄罗斯共和国国家歌剧和芭蕾舞剧模范大剧院在中国巡演，大获成功。

白俄罗斯和中国的美术家协会以及博物馆之间的交流也愈加频繁。2002年5月，白俄罗斯共和国国家美术馆馆长B. И. 普罗科普佐夫在北京签署了《中国美术家协会与白俄罗斯共和国国家美术馆文化合作协议》，并与中国首都的多家博物馆馆长举行会谈。

两国新闻媒体也为白中关系的巩固和发展作出了重要贡献。2002年，在中国驻白使馆和白俄罗斯驻华使馆的共同推动下，白俄罗斯两个新闻媒体代表团访华。作为访问成果，2003年夏天在明斯克出版了《白俄罗斯记者看中国》一书。

白俄罗斯新闻媒体报道的中国话题越来越系统，越来越多元，越来越详细。白俄罗斯记者报道了中国改革的成就，中国人民的传统与文化，讲述了白中合作的主要方向。在报道中国的白俄罗斯新闻媒体中，最具代表性的是白俄罗斯国家“第一频道”和非常普及的《苏维埃白俄罗斯报》《共和国报》。在为白俄罗斯读者和观众介绍中国的记者中，最专业、最有才华的记者当数 M. 舍曼斯基。他在 2002 年因《你好，中国!》和《开放的中国》两本书荣获白俄罗斯共和国总统文化艺术活动家专项奖金。

倾听你的呼吸，中国!

自我从中国回国后，已经发生了很多变化。不过令人高兴的是，这些变化都是朝好的方向发展。现在，在我们这栋居民楼里住着许多在明斯克工作的中国专家及其家属，我的孙子们也时常跟中国小伙伴们一起玩耍。看着他们，我就会想起在中国度过的那些时光。中国美丽的大自然，中国的民族风情以及中国人的善良友好始终吸引着我。

起初，我不太习惯中国首都熙熙攘攘的环境和高强度的生活节奏。与北京相比，明斯克是一个人口不多、生活节奏较慢的城市。

我在中国游览过很多地方。让我吃惊的是，在中国我们可以从一个气候区迅速进入另一个气候区：从芬芳馥郁的谷地和黄海变换成白雪皑皑的巍峨群山，在那里特别适合滑雪，感受从山顶滑落的非凡乐趣。不过遗憾的是，我不曾到过西藏，那里的传说至今令我神往。

说到中国菜，当然，有很多我都想尝一尝。著名的北京烤鸭不仅征服了我的味蕾，而且每当有代表团来访的时候，我的同胞们首先想要品尝的也是这道菜。坦率地说，这与在白俄罗斯品尝的北京烤鸭的味道不太一样。中国餐厅有自己独特的氛围，当我们身处其中时，会沉浸在一个不同寻常的世界，

◆ 鲁萨凯维奇大使偕夫人（右一）游览颐和园。

◆ 2002 年 6 月，鲁萨凯维奇大使偕夫人在中国旅游。

这种别具一格的风情对欧洲人来说魅力无穷。

中国市场也有自己的特点，小贩的叫卖声此起彼伏，各种各样的商品琳琅满目。让我印象特别深的是，当时，在 21 世纪初，中国的店家能如此精致地包装好我所购买的商品，并热情地感谢我购买了他的商品。这样的服务质量在我们白俄罗斯是明显欠缺的。

中国的女性非常漂亮，她们的穿着打扮非常时尚，难怪中国的服装遍及全世界。中国经常举办选美比赛。中国的孩子简直是“小皇帝”，中国人在家里就是这样小心翼翼地对待孩子。

中国人有着不同寻常的音乐才能。在互办文化日活动期间，或是在我不得不在中国的一些省份过中国节日的时候，中国人的音乐才华总是让我感到震惊。别具一格的中国文化植根于悠久的历史传统，这一点在这个泱泱大国的每一个角落都能感受得到。

而最主要的是，我们和这个伟大国家之间的关系正在顺利发展，变得更加信赖、全面和互惠互利。我很高兴，这其中也有我的一点贡献。

开启双边合作新模式

（2004—2006年）

阿纳托利·哈尔拉普

作者简介：阿纳托利·德米特里耶维奇·哈尔拉普

1946 年出生于白俄罗斯莫吉廖夫州克利切夫斯克区。

1965 年进入明斯克奥尔忠尼启则电子计算机厂担任无线电调试工，后在该厂不同岗位任职，兼任苏维埃和党组织工作。

1975 年毕业于明斯克无线电技术学院电气工程师专业。1986 年毕业于明斯克高级党校。

1987—1996 年，任明斯克计算技术生产联合体总经理、明斯克奥尔忠尼启则电子计算机厂厂长。1996—2003 年，任白俄罗斯共和国工业部部长。

2004—2006 年，任白俄罗斯共和国驻中华人民共和国特命全权大使。

2006 年至今，任白俄罗斯国家工业企业协会的“白俄罗斯工商会”主席。自 2007 年 4 月起至今，任白俄罗斯共和国非营利组织“工业家企业家联合会”主席。

特命全权大使外交官衔，技术科学副博士学位，“白俄罗斯共和国功勋工业工作者”荣誉称号获得者。

荣获各民族友谊勋章、“劳动优秀”奖章和俄罗斯联邦友谊勋章。

对任务和责任的理解

卢卡申科总统任命我为白俄罗斯共和国驻中华人民共和国特命全权大使的总统令颁发于2004年2月19日。

在此之前，在我担任白俄罗斯工业部部长的7年间，我曾不止一次到过中国，作为国家和政府代表团成员参加会谈，或者与中国伙伴举行工作会晤与接触。那时，中国实施改革开放政策的成效已很显著。

两国领导人高度互信，到2004年已形成足够完备的条约法律基础。定期开展的政治对话和不断发展的经贸关系，为执行我国元首交给我的任务奠定了很好的基础。

在已有机制下进一步巩固两国政治关系，提高双边贸易额和白俄罗斯对华出口额，丰富对华出口的多样性以减少对个别商品的依赖，加大投资合作，为2005年白俄罗斯共和国总统卢卡申科对中华人民共和国进行国事访问做准备——这是我们使馆工作的优先方向。

我们非常重视对中国社会经济改革机制的研究。对现有生产能力实行现代化，促进建立新兴产业，保持改革的连贯性和渐进性，在保留国有制并建立非国有制形式（不是取代，而是并行不悖）的情况下平稳地进入市场，不采用休克疗法而是逐渐转向市场，考虑中国特色和民族文化传统——中国领导人推行的这些改革政策无疑取得了很好的成效。

中国建立的多种经济成分并存和市场竞争的经验证明，没有必要实行全面私有化。在中国，私有化伴随着引进外资逐渐展开。国家在考虑发展前景的前提下，对行业、大企业和中小企业等实体部门给予支持。一边逐步推行国家层面的新措施，一边对这些措施对国民生活的影响进行评估，就像中国人常说的：“摸着石头过河。”

在确定优惠投资环境的同时，使用自己的财政资源，组织和运行依靠内部货币供应来源的信贷机制，对刺激出口型经济和创新经济有着特别的意义。集团公司的管理结构被积极采纳。

所有这一切再次证实了白俄罗斯所选经济方针的正确性和研究中国经验的现实意义。我就是带着这样的观点和想法在大使的岗位上开始履新的。白俄罗斯共和国卢卡申科总统对我的信任让我承担起这一份重任。

主要关注点——出口

2004 年白俄罗斯驻华使馆与白俄罗斯政府商议并制定了“2004—2008 年白中经贸合作发展规划”，对中方市场和推广白俄罗斯商品的机遇做了评估，并在评估的基础上向白俄罗斯各部委、各部门、各州执委会和明斯克市执委会介绍了这一规划。政府在制定行业和区域发展战略时考虑了我们的建议。

在执行这一规划期间，2005 年白中双边贸易额飞速增长。2005 年双边贸易额比 2003 年增长了两倍多，达到 7.1497 亿美元；出口额增加 1.7 倍，达 4.3087 亿美元；进口额增长到 2.841 亿美元；贸易顺差达 1.468 亿美元。到 2005 年年底，按照双边贸易额、出口额和进口额计算，中国已占据白俄罗斯与非周边国家经贸合作的第五位（此前为第七位）。出口商品的种类增加 15%。

苏联解体后，白俄罗斯首次实现无中介地直接向中国供应拖拉机、亚麻纤维与合成纤维、材料热处理设备、己内酰胺和腈纶线束、金属制品、金属切割机和轮胎。白俄罗斯矿用自卸卡车、电子集成电路与微电子装配、化工产品与其他产品的对华出口品种和出口额不断增大。白俄罗斯“地平线”和“勇士”两个家电生产企业、明斯克摩托自行车厂、明斯克马兹汽车制造厂、

◆ 山东省代表团参观白俄罗斯国有企业“勇士”家用电器厂。

明斯克计算技术器材生产联合企业股份有限公司在中国直接采买成套产品，药厂直接购买药品，化工企业直接采买原材料。

考虑到中国各地经济发展不均衡的特点，白俄罗斯驻华使馆调整了对各地区的工作方向，将农业机器和筑路机械主要推广到中国西部省份，把微电子、光学、激光技术、科技服务出口定位在中国中东部和东南省份，把机床制造、汽车制造和农机制造的产品推广到中国东北的几个省份。

白俄罗斯国家管理部门、企业和驻华使馆一起设法建立商品运销网络，在北京设立了白俄罗斯国有石化康采恩代表处，在乌鲁木齐市设立了明斯克拖拉机厂和戈梅利农机厂两家生产联合体的代表处，其中戈梅利农机厂代表处还代表博布鲁伊斯克农机生产联合体的利益。

因为设立了驻华代表处，明斯克拖拉机厂与戈梅利农机厂解决了在乌鲁木齐市组装拖拉机和饲料收割机的问题。

为独立推行市场营销政策，跟踪市场销路、品类和价格行情，寻找进一步提高钾肥销量的新出路，白俄罗斯驻华使馆协助白俄罗斯钾肥公司设立了驻华代表处。白俄罗斯钾肥公司在考虑白方经济利益并保障中方受益的前提下，与中方合作伙伴进行了商业谈判。与此同时，使馆还着手研究白俄罗斯商业银行和白俄罗斯工商会在华设立代表处的可行性。

白俄罗斯国有石化康采恩驻华代表处努力扩大下属的“格罗德诺氮气”“格罗德诺化纤”“新波洛茨克化工”“波洛茨克玻璃纤维”“白俄罗斯轮胎”“斯韦特洛戈尔斯克化纤”等股份有限公司和其他企业在中国市场的存在，使康采恩的石化产品对华出口额较 2004 年提高了 60%，并成功按照约定将中国资本引入康采恩企业进行升级改造。

生产联合体戈梅利农机厂驻华代表处获得了白俄罗斯饲料收割机生产的地方认证，为进一步增加产品销量创设了前提条件。明斯克轮式牵引车厂驻华代表处向中方合作企业“三江瓦力特”公司提供了新的供货名录，为 2005 年该公司对华出口额提高 5.2 倍奠定了基础。“集成电路”厂驻华代表处也开始盈利。它们还根据使馆建议，将代表处从香港迁到上海，出口额增加 30%。

生产联合体“别拉斯”汽车制造厂与中航技进出口有限责任公司商定了新的出口策略，对重型矿用卡车进行了系列改装，使其既可用于铁矿石开采，也可用于煤矿开采。凭借很高的技术水平和根据订货进行改装的能力，以及配套的零配件寄售仓库和自卸车保修与维护技术中心，该企业 2008 年在中国市场的供货额提高了 50%，共计 1.2 亿美元。

根据白俄罗斯驻华使馆关于“别拉斯”汽车厂给中国提供零部件用于技术服务的建议，白俄罗斯政府和国家银行极大地延长了外汇收益回报期限。白俄罗斯光学仪器联合公司、“普拉纳尔”微电子设备和光学系统生产康采恩、“方位”光学电子股份有限公司采取了稳定服务的措施。

2005 年底，由于中国国内市场过剩，钢材价格与 2004 年 12 月相比下降 13.1%，明显低于全球其他市场。因此，国有企业“白俄罗斯冶金厂”的子公司——“白俄罗斯冶金厂（上海）有限股份公司”重新定位，努力为自己的高新技术产品寻找新的用户，提高产品质量，但它们的产品仍然缺乏竞争力。

白俄罗斯驻华使馆进一步加大了信息宣传力度，向中国合作伙伴和商界介绍白俄罗斯经济的发展潜力和投资白俄罗斯经济发展的优势，推介白俄罗斯产品，组织白俄罗斯企业和机构参加在中国举办的展览和商品交易会。

使馆协同白俄罗斯商会、相关部委和部门，分别在 2004 年 11 月上海工业博览会和 2005 年 6 月第十六届哈尔滨国际经济贸易洽谈会期间筹办了白俄罗斯共和国国家展；使馆与白俄罗斯国家科技委员会、国家科学院、教育部一道，在长春市组织了白俄罗斯共和国科技日活动。

2004 年我们为中国商界举办了 6 场商务论坛，2005 年举办了 8 场，其中包括出境商务论坛，内容涉及与白俄罗斯的经贸、科技、投资和农业经济合作。使馆还创建了网站，出版了 3 本杂志和 1 本用汉语撰写的介绍白俄罗斯共和国的书。中国一些公司的代表参加了在明斯克举行的国际会议。

2005 年双方经贸合作的发展成果

使馆高度重视创造各种条件支持白中两国开展国家间、政府间、部门间和区域间的长期建设性对话。白俄罗斯共和国国民会议代表院（议会下院）代表团和中国全国人民代表大会代表团实现了互访，白俄罗斯共和国紧急情况部、文化部、信息部、国家科技委员会和国家科学院的领导人分别与中国科学院、公安部、科技部、国务院新闻办公室的领导人互访。白俄罗斯共和国工业部、商贸部、统计与分析部、国防部、教育部、体育与旅游部、国家军事工业委员会、白俄罗斯铁路公司、医药与微生物工业康采恩、白俄罗斯工商会、明斯克州执委会、白俄罗斯银行、白俄罗斯对外经济银行、白俄罗斯投资银行，以及各行业企业与组织的代表团访问了中国。

访问白俄罗斯的中国代表团有：河南省代表团、云南省代表团、广西壮族自治区代表团，以及中国精密机械进出口总公司、中国电子科技集团、中国国家能源集团、中国航天研究院和其他一些公司的代表团。

2005年白中政府间与部门间的高水平交流进一步加强，工商界和地区间的联系进一步加深，年底白俄罗斯共和国总统卢卡申科对中国进行了国事访问。3月2日到5日，应时任中国外交部长李肇星邀请，白俄罗斯共和国外交部长谢尔盖·马丁诺夫对中国进行正式访问。双方肯定了白中合作的积极态势，商议了两国领导人会晤的相关事宜，具体研究了双方在对外政策、落实合作项目和完善条约法律基础方面的情况。

白俄罗斯外长还了解了华为公司的情况，以及上海浦东新区等中国经济特区的法律和投资状况。

2005年5月30日至6月5日，应中国监察部邀请，白俄罗斯共和国国家监察委员会主席阿纳托利·托济克率团正式访问中国，分别与时任中共中央政治局常委、中央纪律检查委员会书记吴官正，时任副书记何勇，时任监察部部长李至伦，时任国家审计署总审计长李金华会见和会谈。访问结束时，双方签署了《白俄罗斯共和国国家监察委员会与中华人民共和国监察部合作备忘录》。

2005年6月14日至17日，白俄罗斯共和国第一副总理弗拉基米尔·谢马什科率团访华，分别与时任中国国务院副总理吴仪、时任黑龙江省省长张左己、时任中国进出口银行副行长朱鸿杰、时任中国海外经济合作总公司总裁马志武举行了富有成效的会谈。代表团参加了第十六届哈尔滨国际经济贸易洽谈会开幕式，举办了白俄罗斯国家展，参加了白俄罗斯共和国科技日开幕式，在商业论坛上展示了白俄罗斯共和国的发展成就。

在弗拉基米尔·谢马什科率团访华期间，白俄罗斯共和国政府、维捷布斯克州执行委员会与黑龙江省人民政府，白俄罗斯共和国国家科技委员会与吉林省人民政府，以及白俄罗斯共和国国家技术转让中心与中国科技交流中心分别签署了合作协议；长春科技大学与白俄罗斯国立大学，中国机床总公司与白俄罗斯机床工具经济集团也签署了合作协议。

9月26日至28日，白俄罗斯共和国交通运输部部长M. И. 波洛夫率领白俄罗斯货运商代表团参加在北京举办的第三届欧亚货运国际会议，与会者发表联合声明指出，与会国愿进一步扩大优惠，制订有利于货运商的标准以减少交通事故，提升汽车运输服务水平。

波洛夫部长受到时任中国交通部部长张春贤的接待，讨论了加强部门间联系和过境邻国发展的问题。双方就签署交通合作备忘录达成一致。

2005 年 10 月 25 日至 27 日，白俄罗斯共和国总统办公厅主任 В. В. 舍依曼访华，分别会见了时任中共中央委员、中央对外联络部部长王家瑞，时任中组部副部长赵洪祝，时任中宣部副部长雒树刚，时任外交部第一副部长戴秉国和时任商务部副部长于广洲。双方着重讨论了白俄罗斯共和国总统卢卡申科即将对中国进行的国事访问，并就继续发展白中政治、经贸、科技和人文合作，加强白俄罗斯总统办公厅与中共中央有关部门的工作接触等问题交换了意见。

重要的访问还有 2005 年 6 月时任中共中央书记处书记何勇率团对白俄罗斯的访问和 2005 年 9 月时任中共中央政治局常委、中央纪律检查委员会书记吴官正率团对白俄罗斯的访问。

使馆还举办了一系列其他的活动和访问。2005 年 5 月 29 日至 6 月 3 日，白俄罗斯轻工业康采恩代表团参观了广州国际鞋类皮革展，并在北京、广州和苏州与一系列技术设备、染料和其他材料生产商进行会谈，与中国轻工业对外经济技术合作公司签署关于轻工企业重新装配、新型原料研发、专家培训和其他方面合作的意向书。

使馆协助了一系列白俄罗斯企业代表团访华，例如，国有企业明斯克汽车厂代表团访华，解决与中国华航实业集团有限公司联合生产汽车的问题；生产联合体“别拉斯”汽车厂、白俄罗斯铸造工艺研究院和国有企业白俄罗斯冶金厂代表团访华，就在中国设立重型矿用自卸卡车服务中心、扩大产品出口问题与中方会谈；明斯克摩托自行车厂代表团访华，签署购买中国摩托车和低座小轮摩托车发动机合同；科布林“鲁恰伊卡”纺织厂代表团访华，研究中国提供技术设备的可行性；白俄罗斯机床工具经济集团代表团访华，与中国伙伴就先前交付给中国的自动化生产线升级和购买硬质合金刀具问题进行会谈。

2005 年，白俄罗斯共和国部长会议能效委员会主席 Л. А. 杜博维克来华参加可再生能源国际会议。国际贸易与投资银行主席 Г. С. 阿列伊尼科夫来华参加“扩大与深化金融市场”国际会议。

使馆也经常组织中国商务代表团访问白俄罗斯。2005 年 6 月 27 日至 7 月 2 日，中国三江航天工业集团公司总经理访问白俄罗斯，与白俄罗斯相关企业和机构就扩大合作规划进行谈判。代表团与白俄罗斯国家军事工业委员会、生产联合体“白俄罗斯马兹控股集团”、明斯克自动作业线及组合机床厂、白俄罗斯光学仪器联合公司、明斯克轮式牵引车厂及布列斯特市执委会的领导人会谈。

7 月 10 日至 16 日，哈尔滨市代表团与白俄罗斯国立大学代表团在明斯克举行会谈，签署了互谅备忘录，讨论了落实白俄罗斯国立大学与哈尔滨科技大学、黑龙江石油化工学院合作协议的问题，包括创办科技合作联合中心分部和联合实验室问题，由中方提供研究和设计费用。

关注地方合作与投资合作

白俄罗斯很多专业人士缺乏对中国工业现实发展水平及其技术和工艺成就的必要了解，因此，白俄罗斯驻华使馆一直协助白俄罗斯经营单位寻找合作伙伴，转达中国公司的需求，向企业提供市场行情，陪同企业代表在中国实地考察。

为扩大地方合作，我们制定并落实了 2004—2006 年白俄罗斯工商会各州分会和中国国际贸易促进委员会各省分会经贸合作发展一揽子计划。2005 年 5 月，白俄罗斯工商会莫吉廖夫州分会代表团访问中国江苏省，举办了莫吉廖夫州经贸、科技和创新能力推介会。白俄罗斯企业和机构代表与中国伙伴就相互供货问题进行了会谈，讨论了创建联合企业和对莫吉廖夫州投资的建议，签署了合作协议。

◆ 河南省代表团会见莫吉廖夫市执委会代表。

2005年9月，山东省代表团访问维捷布斯克州，会晤了维捷布斯克州执行委员会领导人、白俄罗斯工商会维捷布斯克州分会和维捷布斯克经济特区主管领导，参观了“勇士”家用电器生产厂和“显示器”设计局。山东省对外贸易经济合作局与维捷布斯克州执行委员会签署了双边经济贸易合作备忘录。2005年6月，湖北省孝感市代表团访问布列斯特市。10月，江苏省淮阴市代表团访问戈梅利州。11月戈梅利市执委会代表团回访淮阴市。

2005年使馆增加了与中国潜在投资者、咨询公司和企业的交流和谈判，与中国商务部和进出口银行探讨了如何创设条件吸引中国对白经济投资问题。也是在这一年，引资2.5亿美元组建白俄罗斯第三家移动运营商白俄罗斯电信公司的工作正式开启。我们使馆为中国华为、中兴和上海贝尔阿尔卡特这三家公司参与投标提供了保障。这三家公司都获得中国政府优惠贷款支持，表示愿意与白俄罗斯企业一道参与白俄罗斯电信业建设。尽管中兴公司没能在本次竞标中获胜（中标的是贝尔阿尔卡特公司），但它在明斯克市开

◆ 白俄罗斯总理谢尔盖·西多尔斯基（右二）会见时任中国驻白大使吴虹滨（左一）。

办了代表处，制订了一系列合作方案；华为公司与白俄罗斯移动通信公司BelCel签订了新的供货合同，用优惠支付条件为白俄罗斯这家公司提供51个基站的电信设备，华为也在明斯克设立了代表处。

中国海外经济合作总公司继续推进明斯克2号热电厂的升级改造工作。该项目享受中国政府优惠贷款，投资额近4000万美金。在使馆的参与下，白俄罗斯能源部和白俄罗斯能源康采恩的领导人和专家访问了中国，中国公司的负责人和技术专家访问了白俄罗斯。双方就技术问题、商业计划和合同基本条款进行了协商。

我们使馆对以上项目所付出的努力，使得中国伙伴更好地了解白俄罗斯的投资环境，也使白方专家更好地了解中国的信贷机制，为白俄罗斯的能源、化工、社会文化设施建设和其他领域吸引了更多中国投资。

此外，一系列新的合作项目也启动了：在白俄罗斯建造利用木材废料和日用固体废物的发电厂；中国电力设备公司负责修建格罗德诺和维捷布斯克水电站；中国石油公司对白俄罗斯化工企业实行改造；中国轻工业对外经济技术合作公司为白俄罗斯轻工业和食品工业企业提供设备；安徽省投资集团修建明斯克大学城；白俄罗斯生物制药康采恩与中国医药保健品进出口公司开始协商关于在鲍里索夫药剂厂生产药品的项目；白俄罗斯“方言”制药公司与北京医药集团就联合生产和销售“芥子醇”药剂进行了会谈。

白中政府经贸合作委员会和科技合作分委会一直为落实双边合作项目、实现企业利益而创造条件。2004 年 12 月 13 日至 15 日，白俄罗斯共和国贸易部部长 A. H. 库里奇科夫与时任中国商务部副部长张志刚在北京共同主持了白中政府经贸合作委员会第六次会议。双方就经贸关系发展进行了广泛讨论，包括为白俄罗斯“地平线”家电生产股份有限公司提供资金组装微波炉，中国公司参与白俄罗斯冶金厂生产无缝钢管项目、联合生产药剂和农机项目，参与白俄罗斯采用 CDMA-2000 移动通信标准和扩大地方合作项目的招标工作。双方还就互换统计信息、海关手续、将对方公民签证费降低 50%、委员会会议召开时间从两年一次改为每年一次等问题达成相互谅解。

2005 年 11 月底，白俄罗斯共和国国家监察委员会主席阿纳托利·托济克和时任中华人民共和国商务部副部长张志刚作为联合主席，在明斯克共同主持了白中经贸委员会第七次会议，双方决定在电信、能源、汽车制造、创新、科技、医药、石油化工领域开展新的合作。中国将投资白俄罗斯轻工企业改造，创办新的出口导向型企业，生产和出口高附加值和高劳动生产率产品。2005—2006 年期间中国将在白俄罗斯举办中国国家展。双方还讨论了为高层访问准备经贸文件的内容。

2004 年 11 月，在白俄罗斯驻华大使馆的参与下，白中科技合作分委会第六次会议召开。会议的主要成果是：签署了 2004—2006 年白中科技合作规划，确定了 32 个联合研发项目，补充了早先达成的 200 个项目，其中包括在明斯克设立白中工业园。白俄罗斯与中国积极开展科技合作的机构主要有白俄罗斯国家科学院遗传与细胞研究所、勒科夫传热传质研究所、数学研究所、信息学联合研究所、白俄罗斯国立大学、“阿加特”生产联合体、“方位”光学电子股份有限公司、“集成电路”生产联合体、“普拉纳尔”微电子设备和光学系统康采恩、“白俄罗斯铸造工艺研究院”有限责任公司和“宇宙”科研生产中心。

迈入双边合作新阶段

2005 年 12 月 4 日至 6 日，白俄罗斯总统卢卡申科对中国进行国事访问，分别与时任中国国家主席胡锦涛、时任中国全国人大常委会委员长吴邦国、时任国务院副总理黄菊会谈，与中国航天科技集团和北京 2008 奥运会组委会的领导人进行了工作会见。

两国元首在北京发表了《白俄罗斯共和国和中华人民共和国联合声明》，指出“两国关系已进入全面发展和战略合作的新阶段”。

联合声明还指出，中国和白俄罗斯在经贸、科技、军事、文化、教育、旅游、社会保障和新闻领域的交往与合作日益紧密，成果丰硕，显现出两国合作的巨大潜力和广阔前景。

为加深政治、经济、科学、技术、文化和教育方面的交往，更有效地利用白中现有合作潜力，在白俄罗斯驻华使馆的直接参与下，白中双方在卢卡申科总统访华期间制定和签署了《白俄罗斯共和国政府和中华人民共和国政府关于白俄罗斯共和国地方执行管理机关与中华人民共和国地方政府合作原则的协定》《白俄罗斯共和国经济部和中华人民共和国国家发展和改革委员会合作协议》《白俄罗斯共和国和中华人民共和国财政部合作协议》《白俄罗斯共和国国家科学院、教育部、信息部和中国国务院新闻办公室合作协议》以及旅游合作协议。双方还签署了一系列部门间互利合作协议，以及两国有关白俄罗斯共和国加入世贸组织备忘录。此访期间双方共计签署正式文件 15 份，经济单位之间合作协议与合同近 20 份。

白俄罗斯共和国官方代表团和大型商务代表团成员在总统访华前所做的重要工作，以及在访问期间直接进行的有效谈判，使总统访问取得了积极的经济成果，所签出口合同和有投资前景的项目总额高达 5 亿多美元。

出于对两国潜力的评估和发展的实际考虑，两国领导人决定在未来几年内将白中贸易额提升到15亿美元，到2020年提升到20亿美元。中方赞同白方提议，通过落实地方合作项目、白方参加中国西部大开发和东北老工业基地振兴规划，进一步发掘两国经济合作的潜力。

我还必须指出，卢卡申科总统访华期间在中国举办的白俄罗斯共和国文化日活动，特别是白俄罗斯大剧院芭蕾舞剧团在中国的巡演取得了很大的成功。

我们在与中共中央对外联络部、外交部、商务部、中国国际贸易促进委员会、中国人民对外友好协会以及其他部门和省份的领导人及工作人员进行工作会面时，总能感受到他们的善意和理解，这无疑有助于实现我们与中国伙伴达成的计划和协议。在商务谈判中，中方总能体现出务实的特点，善于评估合作伙伴的商业素质和投资收益保障。当然，他们也具有很强的交际能力，善于捍卫自己的利益。这些都是我们需要并且能够向他们学习的地方。

我卸任回国的那天正是温暖的五月天，北京下起了小雨。在中国人和白俄罗斯人看来，下雨都是个好兆头，预示着我们与中国的关系将不断向前推进，给中国和白俄罗斯带来越来越多的好处。

从战略合作到全面战略伙伴关系

（2006—2011年）

阿纳托利·托济克

作者简介：阿纳托利·阿法纳西耶维奇·托济克

1949 年出生在戈梅利州卡林科维奇区（当时是波列斯克州多马诺维奇区）一个铁路工人家庭。

1966 年以优异成绩中学毕业，获金质奖章。1971 年毕业于白俄罗斯国立大学历史系，获优秀毕业证书。1974 年毕业于白俄罗斯国立大学研究生院。同年通过关于伟大卫国战争期间白俄罗斯反抗德国占领军的地下斗争和游击战的论文答辩。

之后在白俄罗斯国立大学任教，在苏联和白俄罗斯共和国国家安全机关、白俄罗斯安全委员会国家秘书处军官岗位上任职。2000—2006 年，任白俄罗斯共和国国家监察委员会主席，国家安全委员会委员和部长会议主席团成员。

2006—2011 年，任白俄罗斯共和国驻中华人民共和国特命全权大使。

2011—2014 年，任白俄罗斯共和国副总理。

现任白俄罗斯国立大学教授、白俄罗斯国立大学共和国孔子学院院长、白中友协主席。

具有国家最高级公务员职衔、特命全权大使外交职衔、教授职称和退伍少将军衔。

我的中国之路

在回顾往事的时候，我越来越认为，或许，生活中真的没有完全的偶然。如果我们的生活确是由一系列偶然事件构成的话，那么这些偶然事件是否就是我们命运——并非偶然的、由某人或某事确定的命运——中的各种因素呢？

在这个意义上，通向“我的”中国之路，我走了漫长的40年。中国第一次进入我的视野，是在20世纪60年代后期，当时我在白俄罗斯国立大学历史系求学。遗憾的是，那不是苏中关系最好的时期。但幸运的是，我的老师们培养了我对中国人民的深厚敬意和对中国五千年历史文化持久不变的兴趣。在此后的岁月中，“中国主题”也周期性地出现在我的职业生涯里。一个预感逐日增强，那就是我未来会在中国生活和工作。

我第一次访问中华人民共和国是在2003年12月，第二次是2005年5月至6月率我国国家监察委员会代表团访华。北京和天津壮丽的历史文化古迹，以及与时任中国监察部部长李至伦、时任中国审计署审计长李金华的会见交流给我留下了深刻鲜明的印象，至今记忆犹新。2005年我同时任中共中央政治局常委、中央纪律检查委员会书记吴官正，时任中共中央书记处书记何勇进行了会见，他们二位是主管监察工作的中央领导。

2004年和2005年，中国监察部和审计署代表团对白俄罗斯进行了回访。2005年吴官正与何勇也访问了我国。从那时起，两国最高监察机构的关系得到持续和系统的发展。

2005年年初，经白俄罗斯共和国总统卢卡申科同意，部长会议决定任命我为白中政府间经贸合作委员会白方主席，中国开始在我的工作中占据越来越重要的地位。

2005年12月，卢卡申科总统对中国进行了正式访问。作为白中政府间经贸合作委员会白方主席，我有机会直接参与了这次访问及其主要活动的筹备工作。如同此前对中国的历次访问一样，卢卡申科总统的这次访问内容丰富，包括与时任中国国家主席胡锦涛和其他领导人的会见会谈及签署一系列政治和经济文件。

但最主要的和最具有里程碑意义的是，白中两国最高领导人在12月5日签署了关于双边关系进入“全面发展和战略合作的新阶段”的联合声明。

此访期间签署的《白俄罗斯共和国政府和中华人民共和国政府关于白俄罗斯共和国地方执行管理机关与中华人民共和国地方政府合作原则的协定》，我觉得也很重要。这份协议是发展两国地区合作的一个信号，为发展提供了动力和规范基础，其潜力是巨大的。

可能正是在这次访问过程中，卢卡申科总统观察到我与中国人的良好关系和亲善态度，于是决定派我出任驻华大使。关于出使的谈话是在2006年2月进行的，4月13日签署了委任命令。在接见即将履新的驻外使节时（和我一起受命的还有驻拉脱维亚大使和驻立陶宛大使），卢卡申科总统强调，我们工作的重点应该是发展贸易。他还补充说，中国和俄罗斯一样，是白俄罗斯对外经济活动的“主攻”方向。

我把在国家监察委员会负责的事务做了移交，在外交部研究了开展工作必需的相关材料，按外交惯例等到卸任大使回国。随后在5月23日启程前往北京，24日已经与使馆的同事们见面了。

五年任期的特点

2006年6月28日举行的正式庄重的国书递交仪式一直铭刻在我的脑海里。与时任中国国家主席胡锦涛的谈话，气氛是如此的友好和亲切，以至于有那么几个瞬间，我要提醒自己：这是在与世界上最大国家之一的领导人交谈。在按正式礼仪规定中国国家主席致欢迎词和新任大使致颂词之外，胡锦涛主席还对我的颂词作了全面的回应。他强调，中国领导人把中白关系视为好朋友和可靠伙伴的关系，愿意继续给予白俄罗斯全面的支持，支持白俄罗斯奉行独立自主的外交政策和发展民族经济、巩固国家安全和主权的方针。胡锦涛主席在谈到我们的国家、回忆起2000年他对白俄罗斯的访问时非常热情。

◆ 从使馆启程递交国书。

借此机会，我要向我的前任：临时代办米哈伊尔·沙利莫、大使维亚切斯拉夫·库兹涅佐夫、弗拉基米尔·鲁萨凯维奇、阿纳托利·哈尔拉普表示感谢。在很大程度上，正是由于他们的努力，白中关系达到全面发展和战略合作的水平。当时，使馆已经为工作人员创建了良好的工作生活条件（白俄罗斯驻华使馆位于使馆区，占地0.49公顷，有专为外国使馆办公建造的楼房和购置的车辆，还解决了员工的住宿、医疗和孩子就学问题），制定了合理的编制表，选配有称职的专家。

当然，我也想在卸任后给自己的继任者留一些物质上的纪念。在后来的几年里，我们对使馆楼宇进行了很好的日常维修，全面改建了车库，更新了停车场，开辟了小花园，建起了暖棚、中式亭子，甚至还盖了一个小小的桑拿浴室。许多工程都是在中国朋友的帮助下完成的。

◆ 修缮后的白俄罗斯驻华使馆。

还有一点非常幸运，在我的 5 年任期内，中国几乎每年都有重要的事件发生，这不仅对于中国，而且对于整个国际社会都具有重大意义。2007 年召开了中国共产党第十七次代表大会，确定了国家未来社会经济发展的战略。这次会议一个令人印象深刻的特点是对国家社会领域发展的高度重视。时任中共中央总书记胡锦涛在会上宣布：到 2020 年，“合理有序的收入分配格局基本形成，中等收入者占多数，绝对贫困现象基本消除。”

2008 年北京举行了第 29 届夏季奥运会和第 13 届夏季残奥会，其筹备和组织水平，在可预见的未来，很难有哪个国家能够超越。2009 年，中华人民共和国隆重庆祝新中国成立 60 周年，在筹备和庆祝过程中，中国令人信服地向世界展现了实行改革开放政策所取得的辉煌成就。最后，2010 年，上海

◆ 庆祝中华人民共和国成立 60 周年阅兵式。

举办了世界博览会，为期 6 个月，成为世界历史上规模最大的博览会之一。

当然，奥运会也好，2010 年上海世博会也好，都要求使馆为保障白俄罗斯共和国的参与进行连续数月的紧张工作。我们怀着高度的责任感投入到接待我国奥运代表团的准备工作中。这项工作在 2006 年就开始了。2008 年 2 月，在我向卢卡申科总统汇报过去一年白中合作的成果和未来的计划时，也讨论了白俄罗斯运动员参加北京奥运会的问题。总统再次要求我高度重视，努力为运动员提供在北京期间所需的一切条件。

回顾那个已经远去的年份，在为我们奥运选手参赛提供保障方面，使馆全体人员很好地履行了国家奥委会、体育与旅游部的伙伴和助手的使命。顺便指出的是，与历届奥运会（包括里约热内卢奥运会）相比，参加北京奥运会的白俄罗斯运动员人数是史无前例的，多达 182 名。3 个星期的时间（包括运动员抵离），就像一天那样眨眼间就过去了。不光外交官，还有他们的家人、使馆工勤人员，都废寝忘食地工作。运动会上半段，我们没有获得奖牌，大家都很着急。下半段，当我们的运动员越来越多地登上领奖台时，大家都兴高采烈。

奥运会的筹备水平以及为运动员和客人提供的良好条件给我们留下了深刻印象。这一切都是时任中共中央政治局委员、中共北京市委书记刘淇为主席的奥运会组委会，以及全中国和北京市民共同努力的结果。2012 年我有幸率领白俄罗斯代表团赴伦敦参加第 30 届奥运会，那届奥运会组织得也非常好。但是在伦敦的那些天，我总有一种挥之不去的感觉，即这两届奥运会在某些方面有着原则性的区别：北京竭尽全力，为的是不影响奥运选手正常发挥；而伦敦竭尽全力，为的是不影响伦敦市民的正常生活。

还有一个小例子能够说明北京奥组委对所有参加者的关心。每个代表团都与北京的一所中小学结对子，所有这些学校，在一年的时间里，都认真地进行迎接运动员、为他们在比赛中提供各种支持的准备工作。在与我们结对子的学校里，师生们甚至学习了白俄罗斯语，以便用来问候白俄罗斯客人。

2010 年上海世博会的举办口号是“城市让生活更美好”。博览会提出理念，通过对未来城市的设计解决减少自然资源利用、降低犯罪率、降低环境污染等问题。白俄罗斯共和国副总理、世博会组委会主席维克托·布里亚全面领导白俄罗斯国家展的筹备工作。他担任白俄罗斯展区总代表，我是副总代表。

这是白俄罗斯第一次以单独的展馆形式参加世博会。通过与上海世博会中国组委会的积极协商，我们在世博会最好的地段之一——欧洲广场得到了一个展馆位置。我们还从中方获得了可观的经费支持。

◆ 卢卡申科总统会见白俄罗斯奥运代表团。

白俄罗斯的许多部委、企业和白俄罗斯工商会都参与了我们展区的筹建工作。对于国家展的布置和白俄罗斯馆的设计，建设和建筑部副部长 A. И. 尼奇卡索夫和贸易部副部长 O. A. 亚库博维奇作出了很大贡献。从 2009 年 4 月起，开设在上海的白俄罗斯共和国总领事馆也参与到我们世博会的筹备工作中。

在世博会举办的半年时间里（5 月 1 日至 10 月 31 日），共有 55.46 万人参观了白俄罗斯国家馆，其中主要是中国观众。他们中的许多人是第一次接触到我们的国家——她的大自然和人民，看到我们的民族舞蹈，听到我们的民族歌曲。节目都由白俄罗斯民间艺术歌舞团表演的。歌舞团相互替换，在我们展馆和欧洲广场的演出场地上平均表演两周。根据画家伊戈尔·里马舍夫斯基图稿设计的白俄罗斯馆的外观令观众们印象深刻。

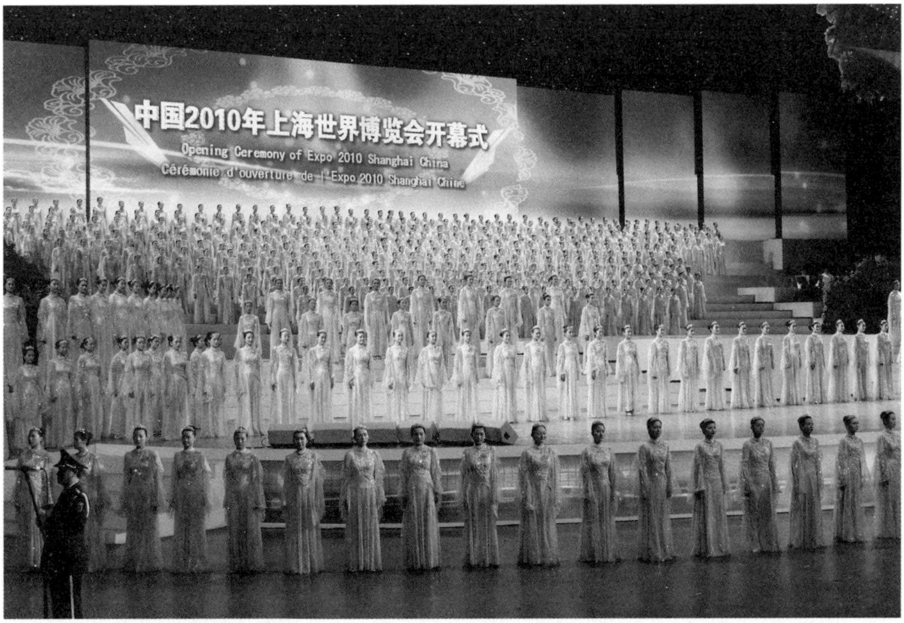

◆ 2010 年上海世博会开幕式。

高层访问和会晤

卢卡申科总统分别于 2008 年和 2010 年对中国进行了访问。对于任何一位大使和一个使馆而言，本国元首到访驻在国，都是特别重要、责任特别重大的事件。这类访问的筹备工作，通常需要几个月。筹备工作的成效在很大程度上取决于大使和使馆其他外交官与双方外交部建设性协作的能力。

卢卡申科总统于 2008 年 8 月访华，并出席北京奥运会开幕式。由于一批西方政客号召抵制北京奥运会，外国领导人出席开幕式对于中方而言更显重要。

在北京奥运会开幕前夕，卢卡申科不仅以白俄罗斯总统的身份，而且以白俄罗斯国家奥委会主席的身份发表了一份声明，对抵制北京奥运会的企图进行了谴责。这一举动也增进了白中两国之间的友好气氛。白俄罗斯总统的访问、他与时任中国国家主席胡锦涛的会见就是在这样的氛围中进行的。会见在 8 月 7 日举行，这是中国国家主席与到访北京参加奥运会开幕式的外国领导人进行的为数不多的双边会晤之一。

会见时，胡锦涛主席表示，16 年来中白双边关系建立了充分的真诚和信任，高层交往对此起到了促进作用。他指出，两国经贸、科技和军事技术合作的协调机制有效运作，中白关系“是国家间合作和战略协作的典范”。

2010 年 10 月卢卡申科总统再次访华，参观了上海世博会。10 月 10 日，总统参加了为庆祝白俄罗斯馆日举办的活动，并参观了白俄罗斯馆和中国馆。第二天，卢卡申科总统与胡锦涛主席在北京会晤，讨论了向更高的双边关系水平（包括共同创新合作）努力的方案。

◆ 上海世博会白俄罗斯馆。

双方在访问中签署了一系列文件，包括 35 亿美元的贷款协议和商业合同，以及关于在白俄罗斯建设中白工业园、在吉林省长春市建立中白科技园、在明斯克建造北京饭店的协议。

同样，中国领导人对我国的访问对白中双边关系也具有重要的政治意义。2007 年 11 月时任中国国务院总理温家宝访问白俄罗斯（中共十七大闭幕后的首次出访），2010 年 3 月时任中国国家副主席、中共中央政治局常委习近平访问白俄罗斯。白俄罗斯驻华使馆也参与了这些访问的准备工作。按照外交礼节，我提前飞回明斯克，参加在机场的迎送活动、中国代表团与卢卡申科总统以及我国其他部门高级官员的会谈。

在温家宝总理访问前，第一批投资项目——白俄罗斯通信网络公司移动通讯和明斯克 2 号热电厂改建工程已经开始运营。2007 年 9 月，人民币被纳入我国外汇储备。在温家宝与卢卡申科的会谈中，双方领导人指出，两国贸易积极发展。卢卡申科强调："2006 年白俄罗斯和中国的贸易额首次超过 10

亿美元，这令人鼓舞。我们以前曾憧憬 5 亿美元的贸易额，当时曾觉得难以企及。”而现在这个数字已经翻番。

2010 年年初习近平副主席访问白俄罗斯，与卢卡申科总统在坦率友好的气氛中详细讨论了双边关系的所有问题。会谈结束后，双方签署了 7 份对于两国未来发展至关重要的文件。其中包括：《白俄罗斯共和国政府和中华人民共和国政府关于促进两国经贸领域合作的框架协议》《白俄罗斯国家银行与中国人民银行间货币结算协议》《白俄罗斯共和国政府和中华人民共和国政府关于相互提供使馆馆舍和土地的协议》。

访问中有一个细节令人难忘。会见刚开始几分钟，两位领导人相互间的好感就显现出来了，而到为贵宾举行正式宴会时，这种亲密关系就更明显了。我要指出这一点，国家领导人之间的私人关系和态度总会对国家关系产生影响。

与联络员和同事的关系

受白俄罗斯外交部委托，我们使馆参与到推动白俄罗斯加入上海合作组织的系统工作中。成立于 2001 年的上合组织，威望越来越高，影响力也越来越大。考虑到与上合组织所有成员国之间关系的现状和前景，白俄罗斯在 2005 年向上合组织秘书处正式提出获得观察员国地位的申请，这是合乎逻辑的。

2006 年 6 月 2 日，在上合组织秘书处举行了我与张德广秘书长的第一次会见。我重申了白俄罗斯关于加入上合组织的请求，并陈述了理由，表示这不仅符合白俄罗斯的利益，也符合所有成员国的利益。此后，我们与中国外交部的代表就这个问题进行了几次会谈，得到了对方充分的理解和必要的支持。我的同事们——白俄罗斯驻上合组织其他成员国的大使们也在驻在国做了不少工作，因为解决这个问题需要得到上合组织所有成员国的同意。

由于当时对观察员国地位问题尚未研究充分，法律层面也没有得到明确，在赋予其他国家这一地位的问题上，成员国的意见没有统一。于是，在中国的积极支持下，秘书处开始研究其他方案。这一过程以 2009 年 6 月 16 日上合组织元首理事会决定赋予白俄罗斯“上合组织对话伙伴国”的地位而结束。观察员国地位是在 6 年之后的 2015 年 6 月赋予我国的。我不排除这样的可能性：一段时间后，白俄罗斯也会成为上合组织正式成员国。

我的外交经验使我有理由这样说。大使和大使馆的工作效率在很大程度上取决于其与驻在国国家机关、社会团体和各种机构代表的交流水准。此外，与他们和不担任领导职务的普通人之间的非正式、非事务性关系的充分交流，对做好工作也大有帮助。

说到这一点，我就会想起那些年中国外交部负责与我们对接联络的李辉先生（他先是担任部长助理，后来担任副部长），我想要热情赞扬他。这是一位十分专业的外交官，聪明而有魅力，俄语水平很高。通常情况下，由他代表中国外交部出席我们使馆为庆祝白俄罗斯独立日而举行的正式招待会。他的发言总是内容丰富，令人感兴趣。2009 年 9 月李辉被任命为中国驻俄罗斯联邦大使。我们和他的继任者程国平先生也建立起了很好的关系。

我们与中共中央对外联络部俄罗斯东欧中亚局的工作人员保持着务实、友好的关系。也是在那几年，中共中央对外联络部和白俄罗斯共和国总统办公厅建立起了工作关系。2009 年 3 月底和 4 月初，办公厅主任弗拉基米尔·马克伊率团对中国进行了正式访问。此后，双方的互访和交流成为常态。

我不能不提及我从同事——独联体国家驻中国的大使们那里得到的巨大帮助，尤其是在我赴任开始工作后的最初阶段。我们经常在正式活动之外的场合见面，包括携家人一起聚会、“对表”、相互提供建议、欢庆我们共同的节日。促成这些聚会的原因，在很大程度上是由于我们几乎是同龄，有过共同的社会文化成长环境，都曾在自己的国家担任重要职务。这些聚会通常是由俄罗斯联邦大使谢尔盖·拉佐夫和阿塞拜疆共和国大使亚沙尔·阿利耶夫发起和组织的。

◆ 独联体国家驻华大使和夫人做客白俄罗斯使馆。

发展信贷投资合作是重点

发展我国与中国的贸易和信贷投资合作是大使及其使馆工作的主要战略方向。为此我将80%的工作时间都用于解决处理经济合作问题，有时我甚至对自己的中国伙伴说，我不是传统意义上的大使，而是一个官方商人。

我对处理经济问题相对轻松，因为此前有6年时间我担任国家监察委员会主席，使我有机会了解我国经济领域各方面的情况以及银行业的状况和需求。因此，我不仅与各部委、各州执委会和明斯克市执委会的领导熟识，而且与全国各区和各企业的领导人熟识。

为了推动经济合作，我们将主要精力用于落实对我国具有现实意义的投资项目，吸引中国的信贷、技术和设备。我们这样做的依据是：第一，经过25年的改革开放，中国在经济发展方面取得了辉煌成就，很多行业达到世界先进水平；第二，快速增长的中国经济需要以更大的规模、更积极的姿态走向外部市场；第三，在许多国际市场上，特别是欧洲市场，对中国产品的质量和信誉还怀有戒心，有不信任感；第四，为进入这些市场、消除存在的不信任感，中国厂商不得不降低自己产品的价格，中国政府和银行也在本国公司签订外经贸合同时给予大力帮助（包括向它们的合作伙伴提供优惠贷款）。也就是说，具备发展双边信贷投资合作的最好条件。

2006 年双方签署了贷款协议并开始实施第一个项目——“白俄罗斯通信网络公司”移动通信运营建设。按当时的标准看，这是一个大项目，所有的准备工作在 2004—2005 年就完成了。中国进出口银行为该项目提供 2.5 亿美元贷款。2006 年和 2007 年又有几个能源、建筑和交通领域的大项目。这些项目的大多数贷款也是由中国进出口银行提供的。

我在中国工作那几年，李若谷担任中国进出口银行董事长兼行长。这是一位经验丰富的领导和专家，我和他之间建立起良好的工作关系，他为白中贷款投资合作作出很多贡献，尤其是在最初几年。

◆ 2007 年 4 月，白俄罗斯国家银行理事会主席普罗科波维奇访问中国人民银行。

许多项目的谈判时间长，进程复杂而艰难，首要原因在于白方参与者大多没有相应经验，语言障碍也影响了沟通。2007 年，根据时任白俄罗斯科学院主席团主席米哈伊尔·米亚斯尼科维奇的推荐，我邀请经济学副博士基里尔·鲁德担任使馆参赞。他在金融和银行方面有很高的理论造诣，精通英语。他在使馆工作的 5 年对于发展双方的信贷投资合作非常有益，也为他未来的职业生涯积累了重要的实践经验。

2007 年，明斯克 2 号热电站改建合同和贷款协议签署。贷款数额看起来不大（约 5300 万美元），但对于所有参与准备上述文件的人（包括我在内）来说，这是一次获得知识和经验的好机会。后面的项目合作就轻松多了。

我们为准备白俄罗斯水泥厂改建合同和贷款协议花了很多时间和精力。这项工作开始于 2006 年，2008 年下半年至 2009 年年初完成。开始谈的是一家

◆ 2007 年 1 月，白俄罗斯代表团在北京出席白中政府间经贸合作委员会会议。

工厂，但建设和建筑部部长 А. И. 谢列兹尼奥夫和专家们在参观了中国的水泥厂，尤其是生产水泥厂设备的企业之后，决定建设三条新的生产线，即三个年产 180 万吨的新工厂。中国进出口银行提供相关贷款 5. 32 亿美元。

2008 年 8 月和 10 月卢卡申科总统分别在在北京和明斯克会见了时任中信集团董事长孔丹。这是该项目对我国具有重大经济意义的证明，因为中信集团的子公司是我们这一项目的中方合作伙伴。

使馆二等秘书 И. И. 普罗霍茨基为水泥厂合同和贷款协议文本的签署，以及项目总体实施作出了很大贡献。他是一位才华出众的年轻人，精通中文，了解中国。我还要赞扬我们的合作伙伴——时任中信国际合作有限责任公司（后来改制为中信建设责任有限公司）的领导徐玉棣先生和洪波女士。

由于有前期积累的经验，后面投资项目的筹备期要短得多，我们的财政部、各行业部委和使馆的人员在谈判时也更有信心、更专业。明斯克 2 号热

◆ 托济克大使与时任中信国际合作有限责任公司董事长兼总经理徐玉棣会谈。

电站改建项目、别廖佐夫国营地方发电站400兆瓦联合循环电厂项目，以及卢科姆斯基国营地方发电站建设项目等，都是合作的范例。

这时，中国国家开发银行也加入为白项目提供贷款的工作中。银行的领导人是中国著名经济学家陈元。几年后，他担任中国人民政治协商会议全国委员会副主席和中俄友协主席。

2007年6月，在使馆支持下，白俄罗斯银行代表处在北京完成了注册并开始工作。这是白俄罗斯的银行在中国开设的第一家代表处。白俄罗斯银行时任行长H. A. 叶尔马科娃积极参与了代表处开设的过程。此后，贷款投资合作的许多问题变得更容易解决。

我觉得，在由使馆建议的贷款投资合作方向中，特别成功和颇有前途的是与中方合作进行白俄罗斯铁路的全面现代化改造。我在铁路工人家庭长大，在国家监察委员会工作期间对白俄罗斯铁路运输做过很好的研究，这有助于我在白中铁路合作中献计献策。

21世纪第一个十年的下半期，中国铁路技术已居于世界领先地位。中国已建成数千公里、列车时速超过300公里的铁路线。2010年12月，中国产的高速列车在北京—上海路段创下世界纪录，时速达到486.1公里。2015年年初，西南交通大学国家重点实验室研制的轮轨高速列车在试验中再次打破世界纪录，时速达到605公里。

在中国坐高速列车旅行，能使我们看到很多有趣的、新鲜的现象。例如，儿童票价由身高确定：身高1.10米以下的孩子免票，1.10米至1.40米的买半票，1.40米以上的为全票。

在与使馆参赞瓦列里·马采利一起研究了中国铁路行业状况，并参观了机车和车厢制造厂之后，我们建议白俄罗斯铁路总局的领导考虑利用中国的工艺和技术解决白俄罗斯铁路问题。应该赞扬我们的铁路专家，他们对中国进行了两三次访问之后，很快消除了原有的疑虑，决定充分运用中国同行的经验和成果对白俄罗斯铁路系统进行全面的现代化改造。

双方很快就签订了中国向白俄罗斯提供12组电力列车以及对奥西波维奇至日洛宾铁路线进行电气化改造的合同。我们的合作伙伴是中国电气进出口有限公司，中国进出口银行提供贷款支持。两个项目都顺利实施，互利合作得到继续。

截至2011年，白俄罗斯已经实施、正在实施和准备实施的由中国政府和银行提供的贷款共计55亿美元。

我觉得，中方逐渐确信，与白方开展的贷款投资合作互惠互利，具有广阔的前景。可以作为证明的是：2010年3月中国政府向白俄罗斯提供政府优惠贷款10亿美元。2009年12月和2010年3月中国进出口银行和国家开发银行分别向白方提供57亿美元和83亿美元贷款。

重点转向直接投资

随着投资项目合作经验的不断积累，到2009—2010年，将重点从吸引贷款向吸引中国对白俄罗斯直接投资转变的条件业已形成。我认为，当时中国已经明确了对白俄罗斯的外交立场，即把我国视为可靠的伙伴，采取全面发展合作的方针。许多中国公司积累了与白俄罗斯合作的经验，确信自己的投资、代表处或子公司的工作以及员工的日常生活在白俄罗斯都能得到法律保护。

第一个吸引中国直接投资的项目是2007年在明斯克建立的微波炉生产合资企业“美的—地平线”。中方合作伙伴是美的集团——世界上最大的家用电器生产公司（2005年它的产品价值达75亿美元）。在作出决定之前，公司对白俄罗斯已关注很久。2007年10月，美的控股董事长何享健访问了白俄罗斯，并与卢卡申科总统会见。这个项目能顺利实施在很大程度上得益于“地平线”总经理Ю. И. 普列特克的努力和白俄罗斯第一副总理弗拉基米尔·谢马什科的支持。

由使馆建议并参与启动实施的第二个由中方直接投资的项目是明斯克的

住房建设——北京住总集团在列别日小区建造的住宅群（后来得名“闲庭信步”）。原来与时任集团董事长张贵林商定，在建楼宇的暖气和热水供应将采用在中国广泛运用的地下水热利用工艺。遗憾的是，明斯克市执委的领导们对此不感兴趣。结果，采用这种工艺的规范性法律文件未能制定，中方也就按我们惯常的方式作业了。

◆ 弗拉基米尔・谢马什科与美的集团签署合作协议。

作为大使感到自豪的另一个项目是在明斯克兴建的五星级宾馆——北京饭店，这组出色的建筑是白中关系的一个特殊象征。建造这北京饭店的设想产生于2009年，此后用一年的时间来寻找合作伙伴，再用一年的时间做设计和报批相关文件。2011年9月时任中国全国人大常务委员会委员长吴邦国访问白俄罗斯期间，为北京饭店奠基，饭店的建设拉开序幕。工程也是由北京住总集团负责。宾馆完全符合投资合同所规定的运营条件，其首批客人是

2014 年 5 月参加在明斯克举办的世界冰球锦标赛的运动员和球迷们。

2009—2010 年期间，根据卢卡申科总统的指示，使馆开始对白中双方在白的两个战略项目——小轿车生产和工业园建设开展可行性研究。

◆ 位于明斯克的北京饭店。

在考察了几家中国汽车制造厂，了解了它们的实力之后，使馆最终选定了吉利公司。但是，这需要让双方，不仅是我们的企业家，还有一些政府成员都确信合作前景广阔，互惠互利。

2011 年白中合资企业——组装生产中国“吉利”牌轿车的“白吉”公司成立。2012 年 3 月双方签署投资协议，2013 年 2 月第一辆汽车——“Geely SC7”轿车组装成功，3 月开始销售。2015 年在明斯克州开始建设年产 12 万辆小轿车的大型工厂（第一期 6 万辆，总投资 3.3 亿美元）。我相信，这个项目会取得成功并拥有远大的未来。

第二个项目——在白俄罗斯建中白工业园实施起来比较复杂和困难。在了解了中国一些工业园的运营情况并咨询了中国商务部之后，我们决定以中国和新加坡合建的苏州工业园为样板。随后，我们开始寻找中国合作伙伴，它将和白俄罗斯方面一起，成为工业园建设合资公司的创办人。

在与商务部协商后，我们敲定了中工国际工程股份有限公司（简称中工国际）。当时该公司在招标中赢得了在白俄罗斯的重大投资项目——在斯维特拉格尔斯克市建设年产 40 万吨的漂白纸浆厂。于是，2011 年 10 月 11 日白俄罗斯经济部和中工国际签署了在白俄罗斯建设中白工业园的合作协议。

建设中白工业园的政府间协议是 2011 年 11 月 18 日签署的。我获得签署授权时，已经担任白俄罗斯共和国副总理和白中政府间经贸合作委员会白方主席。2012 年 6 月 5 日白俄罗斯总统签署关于中白工业园的第 253 号命令，为工业园建设的启动奠定了必需的法律基础。

在这个项目的建设过程中，包括我在内的白俄罗斯国家机构的许多领导都没有充分认识到项目实施的整体复杂性，因而项目的每个阶段都是步履蹒跚。从选择场地、准备规范性法律文本、建立管理机构，到克服部分居民对这个项目的负面态度、争取大多数人赞同，花了很多精力。我们也高估了中国伙伴以及潜在的中国和其他国家投资者对此项目的兴趣。

◆ 建设中的“巨石”中白工业园。

我们没有建造这类工业园的经验，而中工国际也没有相关经验，而且招不到能够做此项目的专业人士。

工业园的奠基仪式直到2014年6月19日才举行。在卢卡申科总统召集多次会议并且与2015年5月正式访白的中国国家主席习近平联合作出发展工业园的决定之后，园区基建设施才开始兴建。

需要指出的是，中方领导人关于这一项目的一系列决定，是根据时任中国国务院副总理张高丽访问明斯克并与卢卡申科总统会晤的结果作出的。决定之一是将中国招商集团引进工业园，因为该集团具有建设工业园的丰富经验。

还有两个因素对这一具有战略意义的项目产生了积极影响：一是欧亚经济联盟的建立为入驻工业园的企业极大地拓展了市场；二是习近平主席提出的“一带一路”宏伟构想使工业园成为丝绸之路经济带建设的重要一环。

双边贸易

白俄罗斯使馆的一项重要工作内容是向本国出口企业提供帮助。由于中国经济的飞速发展和多个领域技术工艺水平的提高，我们的出口不断遭遇一个又一个新的挑战。在这样的条件下，许多事情就取决于我们企业的领导人与中国伙伴构建关系的能力和作出决定（有时是有冒险性的决定）的能力。这种领导人的榜样，对我而言，一直是 П. Л. 马里耶夫，时任“别拉斯”（世界大型矿用汽车专业生产商之一）的总经理。他是一位言而有信的专家和领导，他在中国伙伴那里所具有的威信一直是很稳定的。得益于此，“别拉斯”2007—2008年对华出口额达到最高水平，将近8000万美元。

遗憾的是，尽管有双边商品与服务贸易的总体增长（2005年为7.93亿美元，2011年达32.56亿美元）和白俄罗斯出口的增长（2005年为4.7亿美元，2011 年达 8.31 亿美元），但从 2006 年起，白俄罗斯在双边贸易中还是出现了逆差，且快速增长（2006 年为 1.56 亿美元，2011 年达 15.94 亿美元）。

◆ 与马里耶夫、中国伙伴一起在中国的露天煤矿。

前面已经提到，引发这一趋势的原因之一是，在 25 年的时间里中国领导人实行的改革开放政策取得的辉煌成就。21 世纪最初 10 年的后半期，世界上大多数国家在对华贸易中都出现逆差（例如，2010 年美国对华贸易逆差达 2730 亿美元，两国总贸易额为 4590 亿美元）。

第二个导致我国对华贸易逆差增长的因素是贷款投资合作规模的扩大。中国贷款的“关联性”决定了在白俄罗斯实施项目需要从中国进口大量的商品和服务。当然，这一因素并不对与华贸易中进出口比例变化的总趋势产生决定性影响。

我们对华出口的另一个问题是，出口额的大部分（有时达到70%—80%）是由钾肥出口实现的，钾肥市场上的任何波动都会立刻对双边贸易的平衡产生影响。随着中国本国冶金业的发展，白俄罗斯冶金工厂不得不退出中国市场。机械制造领域的产品也遭遇到这种情形。

与此同时，在我们出口商品的清单里也出现了新的物品：奶粉、亚麻纤维，甚至还有伏特加酒。当然，伏特加出口后来没有得到发展，但亚麻纤维供应稳步增长。我觉得，在确保中国市场可接受的性价比以及质量的前提下，白俄罗斯农产品的供应会有很好的前景。这是由客观因素决定的。在中国，适合农业生产的土地面积有限，而对相应产品的需求增长很快。

在对中国汽车和农业技术市场的情况进行分析之后，使馆得出结论，我们明斯克汽车制造厂（“马兹”）、明斯克拖拉机制造厂和戈梅利农机制造

◆ 白俄罗斯白酒——伏特加酒产品推介会现场。

厂不可能进入这一市场。但是，在中国建设组装生产的可能性还是有的。于是使馆和上述企业就集中在这个方面努力。对我们来说，成功运作 10 年的“三江瓦力特”合资企业是一个榜样，这是由明斯克轮式牵引机车厂和湖北省孝感市“三江”集团合建的（我要指出，从 1996 年起就担任明斯克轮式牵引机车厂驻北京代表处主任的 А. Б. 尼基耶夫斯基对这一项目的成功实施作出了突出贡献）。

在与白俄罗斯工业部的共同努力下，2007—2010 年间，中国“伊利永成”公司在新疆维吾尔自治区乌鲁木齐市建设的“白俄罗斯人”牌拖拉机组装生产得到了扩大。正是在那几年，中国建立起三家组装与维护的合资企业，分别是“白俄罗斯人”拖拉机厂、饲料联合收割机厂（两家都在哈尔滨，与中国东进集团合作）和露天采石自卸卡车厂（在北京郊外，与中航技国际工贸公司合作）。2010 年 10 月，卢卡申科总统出席了露天采石自卸卡车合资厂的落成典礼。

◆ 黑龙江省大田中的白俄罗斯玉米联合收割机。

饲料联合收割机组装和维护合资厂的起步最为成功。这又是得益于“干部决定一切”的思想。戈梅利农机制造厂总经理B. A. 日马伊利克派专家组前往合资厂长期工作，组长是该厂退休的总工艺师A. A. 萨夫科夫，他很快地在中国人那里赢得了声望。根据中国伙伴的请求，戈梅利农机厂的设计师们在一年的时间里设计制造了联合收割机试验样机（用于收割玉米穗）。经过在黑龙江大田的成功试验，合资厂开始生产这种收割机。

借鉴中国经验的现实意义

今天再来看那几年的工作，我觉得，使馆应该可以更深入、更有的放矢地研究并且更全面地（或许，还要更执着地）向自己的政府汇报中国实施改革开放政策的经验和成果。得益于这一政策，20世纪70年代末还处于最严重系统性危机的中国，在30年的时间里，成为世界上最成功的发展中国家。

一些专家认为（我赞成这一观点），由于实行改革开放政策，中国形成的生产关系和社会政治关系，不应被视为是从某个“主义”向另一个“主义”转变的过渡关系，而是21世纪最先进的社会经济体系的最具特征性的关系。

我认为，即使现在，这样一些中国经验对我们而言也是具有现实意义的。例如，改革和管理国有资产、分配国有经济权限、发挥税收和海关政策在刺激（或抑制）具体领域和具体生产中的作用、构建各级领导物质与精神激励机制、制定执法机关检查企业财务经营活动的许可细则、发挥银行在保障经济可持续发展和出口贷款方面的作用，建立吸引外国投资、先进技术和优秀管理人员的相应措施体系，等等。

说到中国经验的现实意义，我想请大家注意在我看来改革开放政策中最重要的三项原则：一、这一政策的主要思想是它的务实性（邓小平关于“不管白猫黑猫，能抓老鼠就是好猫”的论述）；二、这一政策实施时充分考虑到国情与传统；三、政府表现出极大的谨慎和耐心，以使大多数民众理解这一政策的意义并正确地对待变化。

◆ 上海一瞥。

在实行改革开放政策头 30 年的时间里，中国进行了 6 次政府机构改革。每次改革，都借鉴前一阶段的经验，保障政府工作根据下阶段的条件和任务有效开展。

经济发展积累的经验和严格的规划使中国顺利度过 2008—2010 年全球金融危机。顺便说一句，在汉语中，“危机”这个词是由两个字组成的，第一个字表示“危险”，第二个字表示“机会”。中国充分运用这一机会，在危机阶段解决了许多在非危机时期没有得到解决的问题。那几年，从内部观察中国发生的进程，我觉得，通过保持自身经济的持续发展，中国也保护了世界经济免受更剧烈的震荡。

在我看来，所有的城市（包括北京、上海这样一些超大型城市）无一例外地与周围的郊县（类似我国的区）统一到一个地域行政单位中，这个经验也具有现实意义。例如，武汉市政府2009年管辖的人口有1200万，而实际上住在武汉市的只有600万人。这种方式能兼顾到城市和乡村的各种因素，使地区整体发展，能合理调配预算、劳力资源等等。这对于发展社会和交通基础建设也很重要。

中国在构建国家公务员机制方面的经验，也很有意义。从2003年起，中国实行公开竞争考试选拔公务员的政策。5年里，有33万名国家公务员通过这种方式上岗。

同样重要的人文领域合作

我在前面讲过，发展双边的贸易和贷款投资合作是使馆和大使的首要任务和主要工作。但这并不意味着，我们没有在发展人文领域，特别是教育和文化合作方面作出努力。不发展人文领域的合作，就不可能实现经济关系和所有其他关系的协调发展。

回顾21世纪第一个10年的中期，我想说，不仅中国人对白俄罗斯了解不多，白俄罗斯人对中国也知之甚少。甚至有些部委的领导，对中国经济和社会的认识也落后实际情况10–15年，更不用说企业的领导了，这给双边合作造成相当大的困难，不能利用丰厚的条件和资源来为现代化，尤其是我国经济现代化服务。

懂中文的人在白俄罗斯很少，熟练掌握的人更是屈指可数（我觉得，不会超过10个，最多15个）。所以，2006年我们就与中国国家汉语国际推广领导小组办公室（汉办）商讨在白俄罗斯开设孔子学院事宜。在汉办的指导下，从2004年起，孔子学院在世界许多国家开设，为这些国家的民众学习汉语和中国文化提供帮助。

2006 年 11 月，我代表白俄罗斯共和国教育部与中国国家汉办签署了汉语教学合作协议。协议中专门有一条规定，在白俄罗斯国立大学内建设的不是一般的孔子学院，而是白俄罗斯共和国汉学孔子学院。也就是说，设想中的学院不仅将促进中国语言文化的教学研究，而且还将在方法论和信息——教学法方面为白中关系的全方位发展提供保障。正是以这样的名义，学院从 2007 年 1 月开始在白俄罗斯国立大学运行。

2011 年，明斯克国立语言大学开设了语言文化方向的孔子学院。2014 年，白俄罗斯国立技术大学开设了世界上第一家（按照汉办提供的信息）科技合作方向的孔子学院。2015 年，白俄罗斯体育大学开设了进行体育与旅游领域合作的孔子学院（符合自身潜力和工作内容的学院）。这几家孔子学院

◆ 与中国国家汉办签署合作协议。

又在明斯克和各州中心的教学机构里建立了孔子课堂。由此，形成了为国家机关和其他机构发展白中合作提供帮助的良好架构。

时任国家汉办主任、孔子学院总部总干事许琳女士（2013 年 9 月她被授予“白俄罗斯国立大学名誉教授”称号）在白俄罗斯开设孔院及其建设的初期给予我们很大的帮助和支持。

考虑到中国青年对在白俄罗斯大学接受教育的兴趣，为了更好地选派赴白留学的中国学生，使馆与金吉利公司签署了合作协议。这是一家专门从事选派中国青年到国外大学深造的有良好声誉的机构。

使馆与位于内蒙古自治区首府的呼和浩特职业学校建立了密切、友好的关系，共同构建了一套从中国北方省份选派学生赴白留学的体系。白俄罗斯国立音乐学院直接在中国安排考试，选拔录取学生。这种模式能最大程度地降低派遣中国学生赴白留学的成本。

◆ 内蒙古草原的风力发电和羊群。

我始终记得对大连理工大学（尽管称作“理工大学”，但是学校里也有人文学科院系）的访问以及与校党委书记、校长的会面。我意外地了解到，这所大学白俄罗斯留学生（包括本科生、硕士生和博士生）的人数在中国高校是最多的，超过60名（包括通过政府协议、校际合同、各类奖学金和其他方式赴华）。该校拥有出色的教学水平、物质基础，以及非常强大的师资力量，学校领导也表现出与白俄罗斯发展合作的真诚愿望。现在大连理工大学是白俄罗斯国立大学在组织和保障共和国孔子学院工作方面的合作伙伴。

白中在文化领域的合作持续发展。定期相互举办文化日，一些白俄罗斯文艺团体在文化日框架外也进行访华巡演，我们的团体无一例外地受到中国观众和听众的热烈欢迎。“聊天”、“友人”、“歌手”、“霍洛什基”、Г. И. 基托维奇国家模范民歌合唱团、布列斯特“喜悦”歌舞团——这些团体在北京、上海、长春的演出，我也有幸观赏了。

◆ 在白俄罗斯驻华使馆与毕业于白俄罗斯大学的中国留学生见面。

我们出席中国—白俄罗斯文化日活动的代表团由文化部长或第一副部长率领。2008 年的代表团特别具有代表性。与文化部长 B. Φ. 马特维丘克一同访华的还有苏联人民演员瓦连京·叶利扎里耶夫、著名画家瓦列里·什卡鲁博（几年后我在中国进出口银行的大厅里见到了他的作品）、音乐学院副校长 E. Д. 杜洛娃教授。

2007 年，使馆与我国文化部以及中国朋友们一起开始了一项新的活动：中国演员作为嘉宾参加“维捷布斯克斯拉夫集市”国际艺术节。“斯拉夫集市”的第一批中国客人来自湖北省孝感市——中白“三江瓦力特”合资企业就在这座城市里成功运作。

遗憾的是，那些年在卫生、旅游和体育发展方面，我们几乎没有什么建树。尽管这些领域合作的潜力也很大，特别是卫生领域。中医上千年的经验对解决我国卫生面临的许多问题是有所帮助的。另一方面，白俄罗斯医生在许多方面取得的成就和经验，我相信，也会令他们的中国同行感兴趣。

◆ 2007 年 9 月，白俄罗斯高校代表团访问中国。

◆ 白中演员联合演出庆祝中白合资“三江瓦力特”建立 10 周年。

对地区合作方面也没有更多的推进。尽管 2005 年 12 月双方签署了政府间的相关协议，我们所有的州以及明斯克市都与中国的省市签订了合作或建立友好省城关系的条约和协议，但我们还是没能说服各州执行委员会和明斯克市执行委员会的领导们实施已签署的协议。这方面的进展实际开始于 2014 年。很遗憾，许多机遇，尤其是对于我们经济而言的机遇失去了。

同样重要的各种事情

对于白俄罗斯驻北京的大使和大使馆而言，为了成功开展工作，与中国驻明斯克的大使和使馆保持良好的业务关系非常重要。白中关系的性质使我能把使馆间的关系构建成最信任最友好的关系。在我担任驻华大使和白中政府间经贸合作委员会白方主席的 10 年间，我与时任中国驻白俄罗斯特命全权大使于振起、吴虹滨、鲁桂成、宫建伟、崔启明之间建立起来的正是这样的关系（我希望，我的中国同事们也能这样评价我们之间的关系）。白俄罗斯外交官也与中国部分负责使馆事务的外交官员建立起了这样的关系（前面我已经写过）。在准备高访和解决一系列两国间重要问题的时候，这样的关系特别重要。

在北京履职之后，我结识了此前在白俄罗斯任职的中国大使（幸运的是，他们都一直很健康），王行达、赵希迪和吴筱秋。所有的中国大使永远是白俄罗斯使馆最受欢迎的客人，他们的建议和提示总是非常有益的。

大使不应该坐在使馆里。因为你对驻在国了解得越多，看到双边关系发展的机遇也就越多：你会发现有意思的项目和新的技术，结识有意在白俄罗

◆ 北京公园的早晨。

斯实施这些项目、运用这些技术的企业。担任大使期间，我访问过中国几乎所有的省、直辖市和自治区（4—5 个除外）。有的地方去了好几次，例如黑龙江、四川、湖北、广东、河北、新疆维吾尔自治区、内蒙古自治区、上海、天津……几乎每年，包括休假的一部分时间我也是在中国度过的。在我脑海中，每个省、市、自治区的名称都是与很有意思的会见、与人、与历史文化古迹、与一段段白中合作的情结联系在一起的。

深圳是中国最美丽的城市之一。我清楚地记得第一次访问这座城市留下的深刻印象。晚上，我坐车行驶在街上时，瞥见右面有巨大的霓虹灯字牌，上面写着“明斯克”。我不敢相信自己的眼睛，又返了回来。结果，我并没有看错。这是“明斯克航母世界”，一个巨大的军事博物馆公园，核心部分是系泊在岸边的明斯克号航空母舰。20 世纪 90 年代它从俄罗斯海军退役后被出售给韩国，船体准备拆解成钢板。精明能干的中国人将它买了下来，并以此为基础建成了一个主题公园（目前舰船被送到舟山维修，船东表示，维修结束后，它将停靠在南通市新的主题公园中）。

◆ 深圳航母主题公园中的“明斯克”号航空母舰。

作为白俄罗斯国立大学历史系的毕业生，我非常想和读者们分享中国对待本国历史的态度给我留下的印象。历史常被称作面向过往的政治，这在一定程度上是正确的。每个国家都有权利用、应该利用、而通常情况下也正在利用本国的历史，通过历史教育来团结人民、培养爱国主义精神、巩固国家、解决民族问题。这就是为什么历史记忆应该成为民族整体意识不可分割的组成部分，成为国家精英文化和教育水平标志之一的原因。

民族的历史在中国的国家建设和社会政治生活中的地位和作用是很独特的，一如中国历史本身那样独特。有教养的中国人（受过专业的大学教育）对本国历史的深刻了解使人肃然起敬，有时还令人羡慕。他们能够连续几个小时讲述生活在一千年、两千年甚至三千年前的哲学家、诗人、医生们的生平和功绩。国家领导人的讲话总是有大量的对历史事件的回顾、对杰出思想家和学者论述的引用。你会产生这样的感觉：他们——当代中国人和历史上的先辈——仿佛打破了时空的阻隔，生活在一起。我觉得，没有一个国家拥

◆ 上海建筑工地上做成房屋立面状的临时隔墙。

有中国那样的与自己古老历史密切的联系和千年不变的国家管理战略和艺术的经典原则。

当然，保存在书面文本中的历史记忆在这方面发挥了巨大作用。已知最古老的中国文献出现在公元前 1500 年的商朝（公元前 1600—公元前 1046）。现在的中国人能够认读孔子时代书写的文本。

中国投入巨资保护历史遗址和历史记忆，发展国内旅游。每个中国人都觉得瞻仰中华文明最伟大的象征是自己的天职。首都北京的长城、天安门、故宫，以及古都西安的秦始皇兵马俑……2008 年以后，这份名单中又加入了第 29 届奥运会主场馆“鸟巢”。这是（如果可以这样说的话）一号清单。此外，还有几百个分布在全国几乎所有省市中的国家级景点，以及几千个地区级或者“专业级”的景点。

◆ 建于 1420 年的北京天坛。

◆ 中国边远地区即景。

简单说几句当时使馆内部的生活和外交团队的情况。在我担任大使期间，我的妻子柳波芙·罗曼诺夫娜一直伴随在我身边。我觉得，她出色地履行了大使夫人的职责。她从不介入我的公务和其他外交官的工作（这非常重要，因为我们都居住在使馆内），同时，又常常为了我，为了维护集体中友善和相互尊重的氛围，默默地尽心尽力。

驻外机构要开展正常的、有效的工作，非常重要的是（比在国内重要得多）不让任何一个成员（包括家属）有被忽视的感觉。大使对人不应有亲疏之分，大使不该有坏心情。我写这几句话，希望初出茅庐的和已有成就的外交官们对此引起注意。

◆ 2009 年 3 月，使馆团队合影。

那几年，使馆团队的成员人才济济，实力很强。公使由 A. M. 拜乔洛夫担任，他是哲学博士、教授，有多年在联合国机构、我国驻欧洲的外交机构和我国外交部工作的经历。在准备高层的高级访问时，他的经验特别有益。2010 年，同样经验丰富的外交官 В. Л. 谢纽塔接替了他。

关于马采利、普洛霍茨基和鲁德，我在前面已经谈到过了。拜乔洛夫的夫人拉莉萨·伊万诺夫娜和马采利的夫人莉莉娅·切斯拉沃夫娜都是出色的医生。所以，我们所有的人，包括家属，如果身体略感不适（幸运的是，大病都远离我们)，都不用去医院。而需要看病的时候，我们可以依靠俄罗斯使馆医务处的帮助。

武官 A. Б. 库利亚夫采夫上校及其继任者 И. М. 帕什科夫斯基上校，参赞 И. Н. 巴巴克和 С. Г. 克拉西莫夫，一等秘书 С. М. 科萨列夫及其继任者

С. В. 韦尔格伊契科，领事处长 Н. Н. 平丘克及其继任者 Д. В. 科兹洛夫斯基都以高超的专业水平开展自己的工作。使馆团队里还有年轻的外交官 Н. Ф. 涅瓦尔、В. С. 施雷克和 А. А. 博伊科，他们都能熟练地掌握中文。

我在中国工作的时候，白俄罗斯外交部有几年一直对白俄罗斯驻中国大使兼任驻蒙古大使的问题作可行性研究，到 2010 年终于作出了决定。但是我没来得及当上驻蒙古大使。留为纪念的，只有蒙古国政府对任命委派的同意函。

始终与中国在一起

命运就是这样安排的。我于 2011 年 1 月卸任从北京回国，此后在我国政府中任职，有 4 年的时间继续参与处理白中双边关系发展的实际问题。像在赴任驻华大使前一样，又是担任白中政府间经贸合作委员会白方主席。

2013 年 7 月，卢卡申科总统再次对中国进行正式访问。访问期间，卢卡申科总统和习近平主席签署了关于两国建立全面战略伙伴关系的联合声明。为了落实这一声明，双方制定并在 2014 年 1 月白俄罗斯总理米哈伊尔·米亚斯尼科维奇访华期间通过了《白俄罗斯共和国和中华人民共和国 2014—2018 年全面战略伙伴关系发展纲要》，24 页的文件详细描述了双方在政治、经济和人文领域合作的方向与目标。

为了实施这一纲要，双方经过协商，决定建立新的协调双边合作的组织机制。2014 年 9 月，我全权代表白俄罗斯在北京签署了《白俄罗斯共和国政府和中华人民共和国政府关于建立白中政府间合作委员会的协议》。委员会下设经贸合作、科技合作、安全领域合作、教育和文化领域合作分委会。

协议规定，委员会由双方联合主席（副总理级）、秘书长（不低于外交部副部长级）、分委会联合主席（不低于副部长级）和国家机关相应部门的代表组成。根据我国政府的决定，我被任命为委员会的白方主席（从 2015 年起，白俄罗斯总统办公厅副主任尼古拉·斯诺普科夫受命担任这一职务）。中方主席由时任中共中央政治局委员、中央政法委书记孟建柱担任，他是一个很有魅力的人，与他的交往给我留下了深刻的印象。

2014 年 9 月 4 日，白中合作委员会第一次会议在北京举行，详细讨论了双边关系发展最为紧迫的问题。包括积极开展地区合作、提高双边贸易额、优化相互贸易结构、在双边贸易额中提高机电和高科技产品的份额、促进双边贸易的平衡等等。

会议研究了促进两国银行间合作的可能性，包括中国的银行在白俄罗斯开设代表处、加入白俄罗斯现有银行股东行列或者组建新的中资银行等方式。双方商定具体研究开辟明斯克—北京直航的问题，支持 2014 年在白俄罗斯国立技术大学开设第三家孔子学院。

双方还分析研究了在白俄罗斯具体投资项目实施中存在的状况和问题，

◆ 高楼林立的北京 CBD。

比如中白科技园建设、轿车生产、纸浆工厂和居住区建设、铁路电气化、货运电力机车供应等等。

2014 年 9 月 4 日下午，中国国务院总理李克强接见了我。会见时，我们讨论了政府间委员会第一次会议的结果，还讨论了双方最复杂和最重要的项目实施过程中存在的问题。这些问题的解决需要中国政府的支持。

2011—2014 年期间，许多于 2006—2010 年间启动的项目顺利完成，并开始着手实施一系列新的大项目。在白俄罗斯的中国公司和大行业协会的代表处，以及合资企业数量超过 50 家。不过，这些都将是 2011—2016 年白俄罗斯共和国驻中国特命全权大使维克托·布里亚的回忆内容，我与布里亚大使之间有友好的工作关系和合作，我真诚地感谢他。

2009 年 3 月 31 日，白俄罗斯共和国总统卢卡申科颁发感谢状，嘉奖我“在外交领域卓有成效的工作和模范履职”。这是对我大使工作的高度评价，对我而言意义重大。

我对未来白中关系积极与互利的发展前景充满信心。

在全面战略伙伴关系的道路上前行

（2011—2016年）

维克托·布里亚

作者：维克托·帕夫洛维奇·布里亚

1953 年出生于格罗德诺州佩斯托沃市的军官家庭。

1975 年毕业于白俄罗斯理工大学，获得职业建筑工程师等级证书。随后在苏联国防部特种建设总局工作两年，担任科米苏维埃社会主义自治共和国预警雷达设施建设的工程主任兼现场经理。

退役后，先后担任明斯克市工艺设计局“工业建设系统”技术服务站高级工程师，生产联合企业“集成电路”副总经理。直接参与了苏联第一批超大型两用集成微电路亚微米产品的开发工作。

2011—2016 年任白俄罗斯共和国驻中华人民共和国特命全权大使兼任驻蒙古国特命全权大使。之前，曾担任明斯克市十月区行政第一副主席、主席，明斯克市执行委员会副主席，白俄罗斯共和国副总理。

国家最高级别公务员。特命全权大使职衔。

赴任中国

毋庸置疑，我的每一位前任对其在中国的生活和工作经历都有着大量独特的回忆。我仿佛觉得，2009 年距我已经非常久远。在那一年，我开始了“赴任中国”的历程。

当时我担任白俄罗斯共和国副总理，主管建筑、公共事业、运输、通讯、交通和生活安全等事务。根据部长会议的决定，我担任 2010 年上海世博会白俄罗斯展馆筹备委员会主席。根据要求，每个国家展馆都要展示出自己国家为打造最佳宜居环境所作出的努力和取得的成就。

我以白俄罗斯共和国参加 2010 年世博会总协调员的身份与世博会管理部门联络。在时任白俄罗斯驻华大使阿纳托利·托济克的倡议下，管理部门决定为白俄罗斯单独开设展馆。这项工作需要我们有充分的想象力和创新能力。虽然我们提出了各种方案，但是经过协商后均被否决。正当我们一筹莫展的时候，时任白俄罗斯建筑和建设部副部长阿纳托利·尼奇卡索夫（现任我国驻哈萨克斯坦大使）提出利用白俄罗斯画家伊戈尔·里马舍夫斯基的美术创作设计展馆，并把草图放到我的桌上。这一创意令我茅塞顿开，我们马上达成一致：就用这个方案！

展馆内部设计构想耗时约 6 个月。象征性的蓝天、自由飞翔的鹳、水镜、城市中的小丘、全息影像的珍奇图案、反映白俄罗斯历史和现代生活的视频，还有回首过去和展望未来的望远镜。相关工作在上海和明斯克也同步进行。经过共同努力，我们按期完成工作。2010 年 5 月，作为世博会的荣誉嘉宾，我第一次来到中国。

来华 3 天，所见所闻令人难忘，但这短暂的时光还不足以让我充分了解上海这个国际化大都市。仅以城市面貌和华为公司新科技中心展出的产品为

◆ 2010 年 5 月，上海世博会的白俄罗斯馆。

例，虽然并非完美无瑕，但这些展台足以让我有理由确信，中国知道应该做什么、怎样去做。回国后，每当我向同事、亲朋好友说起这次中国之行的时候，总会思考中国的哪些经验对白俄罗斯的发展有所借鉴。出乎我意料的是，一年后，我以另一种身份又一次来到了这个国家。

在实际工作中寻找共同语言

2011 年 7 月 5 日，白俄罗斯共和国总统签署总统令，任命我为白俄罗斯驻中华人民共和国特命全权大使兼驻蒙古国特命全权大使。

临行前，我有幸应邀与时任中国驻白俄罗斯特命全权大使鲁桂成会面，并与双方的夫人们共进晚餐。鲁大使就如何与中国外交部和其他政府机构保持高效的合作关系，以及一些生活问题，向我提出了建议。对此，我非常感谢大使先生。

7 月 7 日，我抵达北京，与使馆全体工作人员见面。对我而言，这是一项全新的工作。上任的头几个月，我便开始频繁参加招待会、宴会，出席各种官方活动，其中不少活动规模较大，很有益处，尤其是与在白俄罗斯工作或有意在白俄罗斯开展业务的中国公司领导层的会晤，颇有意思。我们受邀参观企业的建筑工地和公司总部，观看公司在海外完成的代表项目的影像资料。

我还对使馆各项工作以及工作人员的专业能力进行了评估，并据此得出一个结论：使馆应更多地在白中双边经济合作上开展工作。

◆ 2011 年 9 月，与时任中国进出口银行董事长李若谷举行工作会晤。

后来，随着越来越多的白俄罗斯专家访问中国，参观工业、建筑、运输、能源和设计等企业，那些曾经强烈抵制引进中国技术和设备的白俄罗斯经营管理人员的抵触情绪也逐渐消失了。

我们不再害怕中国银行提供的“捆绑式”金融服务，积极评估获得贷款的可行性，认真研究从谈判到签订合同和信贷协议的程序，学会在建设工地与中方人员的直接接触中找寻共同语言。

就这样，经过通力合作，我们取得了第一项重大成果：2011 年 9 月初，时任中国全国人大常委会委员长吴邦国访问白俄罗斯。期间，明斯克 2 号热电站完成改造并投入运营，吴邦国委员长出席投产仪式。随后，明斯克 5 号热电站改造项目和 3 个水泥厂也进入积极建设阶段。

集中力量办大事

下文我还会提到项目融资的问题，现在我想说说来华以后的外交工作。在抵达北京后的头两周，我拜访了原苏联加盟共和国、现在获得独立地位国家的所有大使。尽管历史上我们这些国家之间发生过变故，但大使之间仍然保持交往，并且与其他国家的沟通相比，我们之间交流更频繁、更坦诚，这些交往使我获得了很多有用的信息。有几次我听说：“无论何时何地，尽量不要说中国人的坏话。”对此，我的回答既直白又坦诚：“对我而言，这并不困难，因为我根本就不这么想。”

抵京一个月后，2011 年 8 月 8 日，我向时任中国国家主席胡锦涛递交了国书。我与胡主席在亲切友好、相互信任的气氛中就白俄罗斯、白俄罗斯总统卢卡申科的状况以及双边关系进行了交流。

同年 9 月底，我在乌兰巴托也向蒙古国总统递交了国书。两国在礼仪上有着许多差异。隆重的仪式是在国家大呼拉尔大楼和总统府前的广场上举行，由步兵和骑兵组成的仪仗队列队欢迎、升国旗、奏国歌。仪式的另一部分是递交国书，与其他国家大使进行短暂交谈，并和蒙古国总统查希亚·额勒贝格道尔吉一道举杯共饮香槟酒。总统表示，蒙古国愿意和白俄罗斯开展长期合作。

3 天时间里，我会见了蒙古外交部、其他主要部委、工商会领导，以及蒙古商界代表。当时白俄罗斯在蒙古的荣誉领事是 Ч. 巴特博尔德——他出生于外交官世家，毕业于国立莫斯科国际关系学院。后来蒙古实业界代表、白俄罗斯和蒙古综合性合资企业创始人 Л. 汉盖接替了他的职务。经过对形势进行客观评估后，我得出结论：要想在中国和蒙古这样的国家里取得实际工作成果，仅仅靠兼任驻两国大使，是非常不易的，甚至更确切地说，是不可能的。在分析了蒙古市场的特点以及发展态势后，2012 年我提议在蒙古国这个对我们经济具有发展前景的国家设立大使馆。对此，我又开始关注哪些国家的人员经常飞往乌兰巴托，入住酒店，在政府办公室进行谈判。后来发现，他们大多是来自日本、美国、德国、中国和加拿大的商人。我在与蒙古国各部委以及工商会领导会晤时，蒙方常常提到由上述国家公司参与的各种成功项目。

然而，在蒙古国设立大使馆的决定并没有立即通过，而是在白俄罗斯总理米哈伊尔·米亚斯尼科维奇率领众部长对乌兰巴托进行正式访问后通过的。

2013 年 9 月，米哈伊尔·米亚斯尼科维奇访问蒙古国。访问期间，举行了数次商务会谈、联络和协作交易会、白俄罗斯产品大型展会。最终，白方领导作出决定，有必要在蒙古国设立使馆。2014 年，大使馆正式开馆。这使我能够全身心地投入在华工作。

蒙古之行让我记忆犹新。老一辈的蒙古人并没有忘记俄语，这给工作和日常生活的交往增加了便利。我与乌兰巴托东正教堂神父尼古拉见面的场景至今仍历历在目，他是一个非常有趣、健谈的人。当然，我也忘不了在草原上蒙古包过夜的场景。遗憾的是，我并未看到草原上鲜花盛开的景色（据说，那景象十分震撼）。然而，蒙古国的早春和深秋也是那么令人难忘。这些回忆不胜枚举。之后，我回到了中国。

心灵深处的震撼

中国是一个大国。由于我们使馆预算有限，无法承担经常出差的费用，所以，我不能在中国各省、自治区，直辖市之间飞来飞去。但是，如果愿意，还是能想出办法的。比如，那些有意进军白俄罗斯市场的公司会发来邀请。我每次的出差任务不仅是与企业公司打交道，还要与当地政府建立联系。我经常通过省政府外事办公室，申请参观一些高新技术企业。与这些企业开展合作对我国的发展非常有利。

中国早在几十年以前就开始兴建经济技术开发区和科技园。即使是在规模不大的副省级城市（按当地标准），也有这样的园区，这是地方政府的骄傲。我认为，有必要深入了解情况，对比规划方案、商业运营模式、经济技术开发区和科技园的发展成果，或者直接与已经准备带着资金和项目走向国外市场的领导层进行交谈。

对我来说所有经验都弥足珍贵。从 2010 年起，我们就着手筹建中白工业园，准备相应的法律工作。下文中我还会提到这一点。

经过对距离北京较近的河北省和山东省的多次考察，我注意到中国城市建筑和建设规划的特点。我决定更多地关注这个问题。正好我有机会与黑龙江省取得联系，因为当时哈尔滨市刚刚兴建中白拖拉机与联合收割机生产合资企业。

中国所有居民点的发展都严格依据城市总体长期规划执行。哈尔滨也不例外，而且是一个样板。城市规划首先会考虑到未来几十年城市的发展，然后再对城市区域进行功能划分。未来城市和建筑物的模型，以及多媒体展示图景被放置在专门的大楼——城市规划博物馆展出。新的居民小区选址和设

◆ 2011 年 9 月，参观北京一城区的发展中心。

计都会事先考虑到城市街道网络的主要道路、运输、通信和生活综合设施等因素。

这些做法似乎都与我们国家相同，但在具体实施中，一切又大不一样了。市政公共事业局负责建筑土地，该局力图最大限度地降低拆迁、疏散居民、敷设主要通信电缆的费用，并决定拍卖的起始价格。出售的大片住宅楼群具有封闭的生活空间、特色建筑风格，以及综合的社会生活服务设施。在建设居民楼的同时还会建设公共区域，供人们休闲娱乐。例如：主题公园、剧院、沿河景观大道、人工水库等。对于我们而言，非常不寻常的是：中国是先修路，后建房！

大约也是在那个时期，我几乎遍访了全中国。我发现不仅仅是大城市，而且全国各地都在建造高楼大厦。我问自己，中国是如何进行资源分配的呢？

众所周知，国际上早已有这样的标准。比如，每人一吨粮食可以保障粮食安全；每人一吨水泥可以保障经济发展。可能，正是因为存在这样的规律，白俄罗斯曾将提高水泥产量作为重要任务。

所以，我特别想知道，这些规律在中国是如何作用的呢？要知道中国人口数量近 14 亿。后来，当我知道答案后，感到十分震惊。早在 2009 年，中国水泥产量就已达到 16 亿吨。根据相关数据，2011—2013 年中国在短短三年里用掉的水泥，比美国在整个 20 世纪用掉的还多。连比尔·盖茨都对这个数据感到惊讶，这是多么浩大的工程！

还有一个细节值得特别注意。在中国，每当进行市政建设的重要项目时，都要进行国际性的建筑设计方案竞标。一旦方案获得通过，其实际设计和建设都由中国公司负责。这种做法一方面能使中国的公司充分发挥作用，提高其专业水平，另一方面也解决了统一各国规则和标准问题。

这些经验不仅有趣、有益，而且很有启发性。我在写给白俄罗斯总理米哈伊尔·米亚斯尼科维奇的信中说道："一方面，我感到很震撼，而另一方面又很惭愧。请您立即派遣一批专家前来中国考察……"。近年来，我国一些建筑行业的领导、设计师、建筑师团组频频来华参观学习。我希望在不久的将来，白俄罗斯城市建设能够借鉴中国的这一经验，取得新的、令人瞩目的成果。

国内旅游的作用

随着日常工作的推进，我对中国的社会、群体和人际关系有了更深入的了解。

这在很大程度上得益于我与"中国的白俄罗斯通"（或者"白俄罗斯的

中国人”）—— 中国大使们的接触。他们在不同的年代在白俄罗斯常驻多年，真诚地热爱我们的国家。我特意不列举他们中的个人，因为他们每个人都为推动“民间外交”，进一步巩固我们两国的双边关系作出了贡献，并且现在还参与其中。近年来，在与中国社会科学院和其他智库的专家和分析人士会见中，以及在参加展览会和其他创新活动中，他们提出了很多合理和有益的建议，其中不少已被采纳。

◆ 布里亚大使（右六）出席《中国人看白俄罗斯》文集首发式。

我继续走访中国各地，挂在我使馆办公室的中国地图上，标出了越来越多已经访问过的地方。

如前所述，我们的中国朋友们一提起经济开发区和技术园区所取得的成就，总是非常自豪。但是，我不能不指出另外一个普遍的现象，那就是中国人对待历史和文化的态度。无论来到哪里，接待方总是会腾出时间，安排参观名胜古迹。中国古迹很多，几乎到处都是！最令人印象深刻的便是中国绵延五千年的悠久历史。

中国人喜欢宏大的规模，这在很多地方都有体现。例如，众所周知，中国人并不笃信宗教，但在很多地方，您都有可能被邀请参观最大的木制佛像、最大的金佛、最大的石佛，或去参观具有超过5万尊佛像的岩洞寺庙。

人们在设计、建造新的工程项目时，也遵循这一传统。例如，坐落在海南岛上的三面观音雕像高108米，比自由女神雕像高15米。北京的中华民族园也很壮观。如果前者是以独创和壮美令世人震撼的建筑项目，那么后者则是具有全球教育和社会意义的工程。

中国有56个民族。汉族占总人口的92%以上，其余55个民族被官方称为“少数民族”。当然，这其中也存在一些问题，但是国家采取一切可能的措施，保障少数民族的权利和自由，保护和发展少数民族文化、语言、传统，甚至以前实施的独生子女政策也不曾在少数民族地区实行。

上文提到的中华民族园是一个露天博物馆。公园分为几个区域，既展示了中国各族人民的传统住宅，又展现了具有特色的自然景观和农业文化。在

◆ 中国公园景观。

每个展区，身着民族服装的各民族代表会热情介绍他们自己的历史、文化、习俗和饮食。国内到处都设有中文和英文的信息展板，可谓是一项非常宏大的工程。

与中华民族园类似的还有世界公园，这样的公园在中国有几处。以前，中国人还没开始到处旅游的时候，这些公园可以让他们了解世界建筑杰作（按一定比例缩小），甚至还可以攀登游玩（比如埃菲尔铁塔）。游客可以在深圳的世界锦绣公园乘船前往尼亚加拉大瀑布，甚至可以观看南亚某国来势汹汹的洪水。如今，中国出境旅游人数在世界名列前茅，对于旅行社来说，世界公园成了很好的旅游路线的宣传平台。

近年来，得益于生态景观设计大赛的举办，这类公园的名单不断扩大。它的主要特征是开发未利用的土地，建造功能多样、节能环保型的景观。2013 年北京一个工业垃圾填埋场经改造后变为占地 500 多公顷公园就是一个典型范例。改造后的公园规划合理，植被覆盖率高，到处都是迷人的风景：奇花异草、瀑布、湖泊、巨大的彩色音乐喷泉、夜晚灯光秀和奇妙音乐环绕的人造迷雾。园中不同类型的花园总计 69 处，包括仿古、现代花园、各种独具特色的世界国家主题公园及湿地公园。

最初，我曾怀疑打造这样巨大的工程项目会出现亏损的情况。后来考虑到客流量和各类票价，我明白了，这一切都是合理的。国内巨大的市场给中国带来了很多优势，旅游服务市场也不例外。

需要指出的是，所有公园都是精心规划的。也有免费的公园，数量虽然不多，但仍发挥着为当地居民提供休闲娱乐场所的作用。根据公园本身的历史文化价值或者娱乐性，公园门票从 5 元、10 元（当前汇率 1 美元约为 6.5 元人民币）到 120 元、150 元不等（有的甚至可能更多）。可以看出来，一些票其实并不便宜。因此，国家出台支持和补贴政策，针对不同群体提供优惠门票。这使得旅游团队络绎不绝地参观这些民族历史和文化景点。

一些高端娱乐休闲场所的客流量也很大，票价更高。来这里的一般是经济条件不错的人士，他们可以承担 4 小时 150—180 元人民币的滑雪费用。当然，游乐园惊险刺激的项目以及高尔夫球场的费用会更高。

如果用动态的眼光看待中国国内的旅游业，就会明白，旅游服务业提供了很多的就业机会，这对一个拥有 14 亿人口的国家来说非常重要。与此同时，旅游服务业与实体制造业一起，贡献了国内生产总值。

国际合作项目——中白工业园

说到中国国内市场规模对国家经济的影响，必须说明，这种影响体现在经济的方方面面：家用电器生产，汽车制造业，各种运输业，贸易和服务业等。每一个方面都可以说出很多有意思的故事，我仅举几个例子。

在中国经济刚刚起步的时期，家用电器和许多其他产品一样，都是在经济特区由外企或者合资企业生产的。后来，这些产品经过本地化和不断仿制，最后形成了自己的品牌。在全球金融危机爆发初期，得益于国民对国债的支持，海尔、美的等公司依靠拉动国内消费的政策（现在已经不仅是国内消费），不断扩大产品的生产规模和销售渠道，最终跻身世界家电业前列。

中国的汽车制造业也有同样的经历。中国汽车工业的壮大不仅依靠技术引进、并购世界名企，而且得益于对行业发展趋势的正确把握。现在中国开始大规模生产电动汽车，并且开发了第一批氢动力汽车。

2014 年数据显示，两家中国公司在高铁动车生产数量上位居世界第一，远远领先于西门子、庞巴迪和阿尔斯通。当然，中国国内铁路发展规划也对此发挥了重要作用。

我始终认为，外交官的工作重点不仅是跟踪政治、社会、经济发展进程，还应根据自己的生活经历，在驻在国探究自己祖国可以借鉴的生产与实践模式。

显然，在该原则指导下，我的前任阿纳托利·托济克认为，有必要借鉴中国和新加坡在苏州建立工业园区的经验，在白俄罗斯设立一个经济开发区。2011 年中期，在我们的努力下，阿纳托利·托济克同经济部长尼古拉·斯诺普科夫一起得到我国政府和国家元首对这个国际合作项目的原则性支持。同年 9 月，时任中国全国人大常务委员会委员长吴邦国对白俄罗斯进行访问。双方在明斯克签署了《中华人民共和国政府和白俄罗斯共和国政府关于中白工业园的协定》。

接下来，为了工业园的顺利落地，双方开始筹建工业园的运营管理机制，我们大使馆也直接参与了这一工作。最重要的是尽可能借鉴中国已经积累的经验，避免出错。该计划的支持者对此十分理解，但也有人表示反对（可能是这些人对当前中国经济的发展水平，以及中国在国际协作体系中的作用和前景存在误解）。

由于上述原因，仅园区建设的启动工作就花费了近 3 年时间（2012 年 6 月签发了第 253 号《关于中国—白俄罗斯工业园区》的总统令，2012 年 8 月成立了园区开发的联合公司，2013 年 3 月园区总体规划获得批准，随后开始制定详细规划）。直到 2014 年秋，时任中共中央政治局常委、国务院副总理张高丽访问白俄罗斯期间，工业园才开始动工。

张高丽的访问对动员中方积极性起到了非常重要的作用。双方制定并通过了工业园建设第一阶段的工作计划，开发工业园联合公司的中方由于增加新的股东而实力大增，建立了由中国商务部和白俄罗斯经济部协调的常务工作组。

白俄罗斯建筑工人积极投身园区建设，主任 A. H. 科辛察、副主任尼古拉·斯诺普科夫领导的总统办公厅和谢缅·沙皮罗主席领导的明斯克州执行委员会全力支持，并严格和系统地监督整个施工过程。经过双方的共同努力，2015 年 5 月，厂房和办公楼主体建筑、交通基础设施建设工作基本完成。

2015 年 5 月 11 日，习近平主席正式访问白俄罗斯共和国，与卢卡申科总统一起参观了中白工业园区，称该项目为“丝绸之路经济带上的明珠”。

这个工业园无疑具有美好的未来，但是在各个时期，特别是在全球金融危机时期，争夺投资和高新技术的斗争愈演愈烈。我们和中国伙伴们有义务尽其所能，实现既定目标。

中亚、波罗的海和东欧的许多国家嫉妒强大中国与弱小白俄罗斯之间建立起的合作关系，也难以理解这种关系。在这种情况下，我们取得成功尤为重要。的确，对于某些国家来说，白中关系令人难以理解，尤其是对于那些见风使舵或者希望看到中国衰落的国家，而我国一贯与中国交好。2015 年 9 月，白俄罗斯总统卢卡申科在北京会见中国国家主席习近平时指出："虽然目前强大的中国有很多朋友，但我们很早就已经是朋友了。我对你们所取得的现代化成就感到由衷的高兴！"

确实，自 1992 年 1 月两国正式建交以来，白中关系不断取得新的进展。我们常说，过去一个时期白中两国贸易额增长了 100 多倍。但是，倘若双方没有相互接近的意愿，没有政治支持以及各个级别各种方式的交流合作，这一切根本不可能实现。

中国的白俄罗斯元素

在不断关注两国经济合作的同时，我时常告诫自己，不要忘记人文领域。在过去的 5 年间，我们在明斯克新增了两所孔子学院。除了之前就已成立的白俄罗斯国立大学共和国汉学孔子学院外，新增的两所孔子学院分别是明斯克国立语言大学孔子学院和白俄罗斯国立技术大学孔子学院。

作为白俄罗斯国立技术大学的校友，我希望在该校建立的孔子学院为白中经济、技术合作培养更多的汉语人才。我校获得孔子学院的承办权离不开校长 Б. М. 赫鲁斯塔列夫坚持不懈的努力。在这一点上，我们的性格很相似。

在了解中国的同时，我和使馆工作人员们不断努力，在北京和中国其他省市更好地宣传白俄罗斯。

◆ 2016 年 7 月，在白俄罗斯驻华使馆“白俄罗斯厅”会见独联体国家的大使们。

对我来言，最珍贵的永远是使馆的白俄罗斯厅。这是使馆经过几次改造后，白俄罗斯厅变成的样子：这里有几把椅子，装饰的椅子套让人联想到白俄罗斯贵族服装的花式。还有身穿民族服装的模特、我夫人编织的镶有白色花边的头巾、野牛像、白俄罗斯工匠用传统工艺编织而成的麦秸大篮子，篮子里装满了白俄罗斯国有钾肥厂领导赠送的钾盐矿石，这令许多客人感到迷惑不解。而每逢白俄罗斯独立日招待会，麦秸制作的野牛像便成为大餐桌上“白俄罗斯”的象征。

此厅的油画“白俄罗斯风情”是白俄罗斯艺术家联盟协会成员伊洛娜·科索布科的作品。她以极大的热情描绘了祖国主要的历史古迹和特色景观。现在，在整个木块镶制的墙上，这幅画是最吸引使馆众多朋友拍照的地方。

◆ 2013 年 10 月，使馆客人马克西姆·米尔内留言。

白俄罗斯厅曾举办了《白俄罗斯人眼中的中国》和《中国人眼中的白俄罗斯》新书发布会。这两本书被翻译成了两种语言。该厅还是白俄罗斯画家举办画展、艺术家进行演出、著名运动员举行会面的场所。白俄罗斯文化部计划以白俄罗斯大厅为基础，尽快成立白俄罗斯在中国的文化中心。

在我们使馆的倡议下，北京第二外国语学院成立了白俄罗斯研究中心。这是继华东师范大学白俄罗斯研究中心后，在中国开设的第二所白俄罗斯研究机构。北京第二外国语学院也是全国首家开设白俄罗斯语专业的学校。该学院闻名遐迩，培养出很多名人，包括中国驻外国大使和现任外交部长王毅。

在北京的白俄罗斯驻外机构员工及其家属和为数不多的白俄罗斯青年积极参加了驻京外交使团举行的足球、乒乓球、国际象棋等比赛，还有“何时何地、何人何事?”知识竞赛，以及烹饪和民族服饰展等活动。此外，2013—2014 年间，大使馆在人民日报“人民网”开设的专页和“白俄罗斯生活网”上，积极宣传报道我们的工作、生活及白俄罗斯国情。毫无疑问，这些工作让更多的中国人深入了解和理解我们的国家，把白俄罗斯同俄罗斯区分开来。

一系列重大举措

令人感到由衷高兴的是，近年来我们既与中国巩固了双边的法律基础，又在各领域开展了务实合作。2013 年 7 月，在白俄罗斯共和国总统卢卡申科访华期间，两国元首签署了联合声明，把双边关系提升到全面战略伙伴关系这一新的高度。2014 年 1 月，白俄罗斯总理米哈伊尔 · 米亚斯尼科维奇访问中国，双方确认了《中白全面战略伙伴关系发展规划（2014—2018 年）》。

◆ 2014 年 1 月，在北京机场迎接白俄罗斯总理米亚斯尼科维奇。

2014 年，双边关系新的协调机制——由两国副总理担任共同主席的中白政府间合作委员会成立。该委员会包括 5 个分委会：经贸合作、科技合作、安全合作、教育合作和文化合作委员会。

这些一以贯之的举措为我们使馆与中国各地的大型集团公司开展合作奠定了坚实的基础。我对白俄罗斯与吉利汽车集团公司的合作关系给予高度评价，这一关系是在白俄罗斯与该公司筹建白俄罗斯首个轿车项目过程中形成的；多年来华为和中兴集团公司一直活跃在白俄罗斯电信领域；中国招商集团积极参与白中工业园的建设；中联重科股份有限公司则主要从事建造起重机和交通机械业务；中信建设有限责任公司已经在白俄罗斯市场站稳脚跟。

参与白中合作的企业不胜枚举。我想说的是，中国投资者永远不需要在白俄罗斯“排队”等候。我们要积极争取他们的投资，营造整体良好的营商环境，并落实到每一个具体项目中（当然，这些项目应该是对于我们非常重要、并且是我们所需要的项目）。否则，务实的中国商人将会把目光投向其他资源丰富、销售市场广阔的国家，到那时，目前尚能帮助实体经济的“政治保护伞”将失去作用。

2015 年 5 月，在习近平主席对白俄罗斯进行国事访问期间，双方签署了《白俄罗斯共和国和中华人民共和国友好合作条约》。我认为该条约最重要的内容是：“双方全面加强相互信任和战略协作，支持对方根据本国国情选择的发展道路和发展模式，支持对方在核心利益问题上的立场，支持对方所实施的经济发展战略。”

也是在 2015 年，北京至明斯克的直通航线终于开通。在明斯克举行白俄罗斯和中国区域论坛之后，中国各省与白俄罗斯各州，以及两国城市之间的合作有了实质性的扩大和明显的活跃。

2015 年 8 月，白俄罗斯总统颁布《关于发展白俄罗斯共和国和中华人民共和国双边关系》的第 5 号令。这是白俄罗斯独立至今就与某个具体国家发展双边关系而颁布的唯一的一个总统令。

在过去的 5 年间，白俄罗斯利用中国金融机构提供的优惠和商业贷款（金额达到 20 亿美元），共实施了 12 个大型项目。还有将近 40 亿美元的贷款项目正在实施。通过直接投资建立起的明斯克北京饭店已经开业。

目标明确，任务相同

2015 年是双边交流最密切的一年。白俄罗斯和中国最高领导人 6 个月内三度会晤。5 月，习近平主席访问明斯克。9 月，卢卡申科总统访问北京。在友好的气氛中，两国元首分析了第二次世界大战和伟大卫国战争的起因和结果，总结了经验教训。

◆ 2016 年 1 月 16 日，白俄罗斯代表团参观北京航天飞行控制中心。

2015 年 4 月，中国外交部长王毅首次访问白俄罗斯。同年 5 月，白俄罗斯共和国总统办公厅主任亚历山大 · 科西涅茨一行访问北京，双方签署了白俄罗斯共和国总统办公厅与中共中央对外联络部新的合作计划。一年时间内，副部级以上的高层会晤超过 30 次。

我和我的挚友，时任中华人民共和国驻白俄罗斯共和国特命全权大使崔启明就近年情况交换了意见。我们一致认为，2015 年两国共同举办的重要活动多达 20 余场，这在两国关系史上还是第一次。

这一年，白俄罗斯成为上海合作组织观察员国，在上合组织中的地位得到提高。我想毫不夸张地说，我们使馆对取得这些成绩作出了直接和重要的贡献。

2016 年是白俄罗斯和中国建交 24 周年，这一年仍是双边合作成果丰硕的一年。2016 年 1 月 15 日（北京时间 1 月 16 日 00：57），白俄罗斯一号通信卫星在中国西昌成功发射，拉开了 2016 年的美好序幕。

接着，白俄罗斯工业部部长维塔利·沃夫克和白俄罗斯石化康采恩主席伊戈里·利亚申科率领代表团访华。在大使馆的协助下，他们向中国进出口银行和中国国家开发银行展示了各自的项目。

3 月，我在获得授权后，与澳门特别行政区政府签署了《中华人民共和国澳门特别行政区政府和白俄罗斯共和国政府互免签证协议》。

也在这个月，白俄罗斯和中国方面确定了卢卡申科总统 9 月访华的日期。我们使馆立刻开始安排访问日程，准备访问期间将要签署的文件。

由于筹备工作时间短，并且早先已经决定我将于 7 月份离任，我建议不采取例行的交接方式，而采用面对面的方式，与下一任大使完成工作交接。我的提议得到白俄罗斯外交部部长弗拉基米尔·马克伊和总统卢卡申科的支持。

结果，我和基里尔·鲁德在使馆共同工作了一周时间，与中国政府重要部门的主要领导进行了会面。此外，基里尔·鲁德还参加了白俄罗斯独立日招待会，这在外交实践中是一个相当罕见的尝试。

为深化两国全面战略伙伴关系，造福两国人民的幸福和繁荣，我们同中国友人一起策划庆祝了白俄罗斯和中国建交 25 周年的诸多活动，届时将出版双语刊物、举办大型文化交流活动及科学研讨会等。当然，使馆各项日常工作仍在有序进行。在庆祝白俄罗斯独立日的招待会上，我同主管白俄罗斯事务的时任中国外交部长助理李惠来，以及其他国家大使、公司负责人进行了会谈。

离任前的最后几天，我的活动与其说是礼节性的，不如说是友好和务实的。特别是李惠来代表中国外交部与我共进晚餐的两个小时（顺便说一句，1997—2001 年，李惠来曾任中国驻白俄罗斯大使馆参赞），使我确信，在不久的将来我们关于进一步提升白中双边关系水平的建议将得到中国领导人的支持，并在两国领导人下次会晤中得到体现。这使我如释重负，可以轻松、安心地回国了。

为进一步深化两国全面战略伙伴关系（从 2016 年 9 月起变为相互信任、合作共赢的全面战略伙伴关系），促进白中两国人民的幸福和繁荣，我们和中国朋友还有大量工作要做。在白俄罗斯，我们的工作口号是："为建设一个强大繁荣的白俄罗斯而奋斗！"而中国人民也正在为实现"中华民族伟大复兴的中国梦"而努力奋斗。我们的目标明确，任务相同。祝我们双方取得圆满成功！

白俄罗斯和中国：展望未来

（2016—2020年）

基里尔·鲁德

作者：基里尔·瓦连京诺维奇·鲁德

1978 年出生于明斯克市。

2000 年毕业于白俄罗斯国立经济大学金融信贷专业。2001—2007 年，先后任白俄罗斯国立经济大学财政教研室助教、副教授。2002—2007 年，担任白俄罗斯国立经济大学财政和银行事务系副主任。

2001 年获得经济学副博士学位，2011 年获得经济学博士学位。2006 年被评为副教授，并在国际组织（世界贸易组织、联合国贸易和发展会议等）和国外高校访学。2004 年获得富布莱特计划奖学金，以研究学者身份应邀赴美国印第安纳大学。在国内外发表学术论文 100 余篇。

2007—2012 年，任白俄罗斯共和国驻中华人民共和国使馆参赞，主管经济贸易和贷款投资合作。

2013 年 1 月至 6 月，任白俄罗斯华为技术有限公司副总经理。

2013 年 6 月至 2016 年 7 月，任白俄罗斯共和国总统经济事务助理，负责白俄罗斯总统办公厅经济总局和白俄罗斯共和国安全会议跨部门经济安全委员会。

2016 年 7 月起，任白俄罗斯共和国驻中华人民共和国特命全权大使。

引言

展望未来，预测白中关系的走向（比如再过5年左右，到2020年现任大使离任时，白中关系将会怎样?）有可能存在判断失误的风险。因此，我认为更重要的不是预测，而是对于当前两国关系发展根本原因的理解，现实地展望两国未来的任务，以及可能面对的挑战。

预测经常采用对正在观察的趋势轨迹进行回顾梳理的外推法。我的同事——历任大使们（我曾有幸与两位大使在使馆共事）为自中双边关系打下了坚实基础。他们的付出、担当与投入帮助两国在25年内走完了一条其他国家需要几十年甚至几个世纪才能走完的合作之路。

然而，在向大使们致敬的同时必须承认，我们只是国家元首与中国这个了不起的国家开展工作的助理。如果不是白俄罗斯共和国总统亚历山大·卢卡申科坚定不移地信任中国，真诚地与中国领导人建立个人关系，我们的合作就会在中国与其他大国和地区（例如与俄罗斯和欧盟）双边关系的波浪中漂浮。当前，我们两国之间建立起来的是相互信任、合作共赢的全面战略伙伴关系，这种关系是独一无二的。

政治关系

关于双边关系。2016年9月30日，白俄罗斯国家总统卢卡申科在北京大学演讲时指出，中方领导人曾说过，两国元首一向坦诚相待。两位领导人之间的良好私人关系是两国晴朗无云的政治关系（或者像中国人所说的，“全天候政治关系”）的保障。2017 年 10 月，中共中央政治局常委会委员名单有所变动：除了中国国家主席习近平和国务院总理李克强外，将重新选举 5 名中共中央政治局常委委员。这使我们有理由相信，到 2022 年，白中政治关系将继续保持高水平发展。与此同时，为了切实落实两位领导人奠定的双边友好关系，双方还需保持政府、部委领导人间的定期交流。

关于多边合作。两国将继续在国际组织中，在持有相似立场的问题上相互支持。白中两国在事关国家主权、领土完整、本国历史，以及自主选择国家发展道路的权利等原则问题上立场一致。白俄罗斯有意通过多边平台与中国开展对话，这些平台包括：上海合作组织、金砖国家峰会、亚信会议、G20 峰会、中国—中东欧（16+1）领导人会晤。白俄罗斯可以以观察员国、嘉宾国和伙伴国的身份参加。在三方[1]关系中，白俄罗斯一直起着调解作用，业已签署的《明斯克协定》证明了我们的这种作用。此外，随着中国同独联体、欧盟国家间的合作日益活跃，我认为白俄罗斯可以帮助中国消除一些国家对华的冷淡态度，即所谓的“反华症”。

关于地区合作。白俄罗斯各州与中国各省建立起直接联系，两国城市之间将巩固政治基础。两国定期在中国或白俄罗斯举办地区合作论坛，使地区合作制度化。这一合作的积极发展有可能推动白方在华开设新的白俄罗斯总领事馆。2010 年白俄罗斯第一个总领事馆在上海开设。2017 年第二个总领事馆在广州开设。未来，根据双边关系状况，可以在哈尔滨、重庆、成都、香港特区等地选择设立新总领馆。

---

〔1〕 即乌克兰、欧洲安全与合作组织、俄罗斯——译者注

经济关系

关于新的出口机遇。过去25年里，我们的出口结构变化不大。因此，未来几年，如果白俄罗斯经济结构保持不变，那么白俄罗斯对华出口商品仍会以钾肥为主，其次是石化、机械产品。到那时，中国机械制造技术的创新会进一步加剧与白俄罗斯汽车和拖拉机的竞争。同时，白俄罗斯牛肉、家禽（猪肉也有可能）将完全进入中国市场。然而，竞争对手美国、加拿大、欧盟、澳大利亚将采取降价策略，这会导致白俄罗斯对华食品出口盈利低于对俄罗斯等国的出口盈利。

◆ 中白“巨石”工业园。

关于新的出口资源。白俄罗斯水资源丰富。我认为，水永远是中国市场的宠儿，因此我们今后需要加快进军中国水务市场的脚步。关于白俄罗斯出口的高科技产品，如为中国机器人技术设计控制软件、手机应用程序等，一方面产品公司需得到白俄罗斯创新行业的支持，另一方面需保护在华知识产权不受侵害。如果满足这些条件，白俄罗斯高科技产品出口有可能取得突破。但是，与任何其他创新产业一样，高科技产品出口形势尚无法准确预测。

关于中国对白俄罗斯的出口。随着投资合作的发展，从中国进口商品的速度将加快。中国将成为白俄罗斯的主要进口国之一，这可能会进一步拉大白俄罗斯的贸易逆差。但总体而言，这可能对白俄罗斯有利，因为从中国进口的产品将取代白俄罗斯从其他国家进口的竞争力较低、而价格偏贵的产品。

关于中白工业园。“巨石”工业园将有望成为工业和物流中心。倘若为白俄罗斯提供工业配件的中国供应商入驻园区，并以优惠的价格完成装配，那么我国工业产品的竞争力将会提高。入驻单位不仅可以是中国大品牌企业，也可以是中小型地方企业（按中国标准）。当白俄罗斯出现工业疲软时，园区的物流可能成为主导产业。与创新商业化相关的科技合作是工业园的另一个发展方向，但该方向很难预测。

关于联合生产。向中国投资者开放白俄罗斯经济符合双方的利益：白俄罗斯可以吸引外部资金和技术，而中国将降低国内的过剩产能并转移到国外。然而，在白俄罗斯兴办白中合资企业将可能触碰私有化这一白俄罗斯的敏感问题。反之，在中国成立合资企业又可能会听到“剽窃”白俄罗斯技术的陈词滥调。

两国经济体制的不同可能成为联合生产最大的阻碍：不同的投资项目评估程序、不同的决策过程、不同的项目批准的时间等等。因此，如何使双方的经济规划和实施办法同步化，既是一个难题，也是两国联合生产亟待解决的问题。同时还需考虑到，届时欧洲国家可能对中国更感兴趣，在白俄罗斯的中国企业可能“越轨”，与技术水平更高、市场更广阔的国家联手。

◆ 改革开放前后的上海外滩景观对比。

关于项目贷款。这种形式的经济合作近年来发展迅猛。这种合作的持续发展将促使伙伴利用该合作模式，同时又阻碍向大规模直接投资模式过渡。因此，我们的重点任务是确保从项目贷款到直接投资的平稳过渡。同时，中国对国内集团公司债务和国有企业的重组，将对白俄罗斯进一步实施项目贷款提供宝贵经验。

关于金融。随着投资合作的不断加强，中国银行也将开拓白俄罗斯市场。在白俄罗斯开设中国银行办事处，向白俄罗斯银行注入资本，扩大保险信贷合作范围。对于白俄罗斯金融、生产企业来说，重要的是在中国金融市场站稳脚跟。我认为，通过香港进入中国金融市场是最便捷的渠道。中国金融业的进一步对外开放将以上海和深圳作为国际金融合作的中心。

关于旅游。随着签证规定的简化，出现了中国赴白俄罗斯旅游人数增加的趋势。白俄罗斯将有可能成为中国到欧盟国家旅游路线的短期旅行地。随着大量游客不断地来白俄罗斯，未来几年不排除开通中国一些城市到白俄罗斯直达航线的可能性。大批中国游客涌入白俄罗斯势必影响当地旅游产业链，对中文导游、中餐馆、酒店的需求量将会大增。

人文关系

关于教育。考虑到白俄罗斯的人口趋势，中国教育质量的不断提高，越来越多的白俄罗斯人将会选择到中国留学。白俄罗斯将掀起“汉语热”，中文将成为白俄罗斯人最喜欢学习的五大语言之一。同时，以英语为教学语言的香港将成为白俄罗斯大学生新的留学目的地，即中国留学生很可能成为白俄罗斯最大的外国留学生群体。对于中国大学生来说，白俄罗斯高校最热门的专业是俄语语言文学、音乐、艺术以及经济和技术专业。未来几年，教育合作的新方向可能是两国中小学生的交流，形式是学期互换或举办冬令营、夏令营。

关于科学。除了现有合作外，双方还应为完成共同任务，达到共同目标开展科研合作。研究课题可以是共同落实“一带一路”倡议，最大程度利用“巨石”工业园潜力，两国科学技术对接、技术转让，共同把创意商业化等等。

◆ 中白文化交流活动即景。

关于文化。该领域的任务是在中国设立白俄罗斯文化中心。这个文化中心不仅需要举办文化活动，而且要组织商务会晤、介绍我们的旅游潜力。在中国宣传白俄罗斯美食可能会进一步激发中国人对白俄罗斯文化的兴趣。白俄罗斯文艺创作团体将继续在中国举行展览和巡演。在白俄罗斯，人们对中国文化的兴趣越来越浓，孔子学院和孔子课堂的发展，中国杂技和武术的推广可以激发白俄罗斯人对中国的更大兴趣，中国各地的美食将越来越受到白俄罗斯美食家们的青睐。

结束语

当然，双边关系发展前景并不局限在上述领域和方向。还有两国军事技术合作、执法和司法机构合作、质量标准统一化合作，以及一些目前尚无法预知的合作方向。

我们需要明白，中国内部转型一定会影响它的对外政策和我们两国的关系。未来几年，中国新上任的各省和国家管理机构的领导人将为中国政治注入新的活力，经济上将完成供给侧结构改革，使中国接近中等收入国家的发展水平。法律方面将完成司法改革，增强司法独立性和透明度。中国的显著成就将给中国人民带来更为强烈的民族自豪感。而对于白俄罗斯来说，还难以预测白俄罗斯的发展状况。无论如何，鉴于两国的关系，中国的改革发展一定会影响到我国。

◆ 幸福的白中联姻家庭。

因此，即使考虑到两国国内特点和可能面临的外部挑战，我对白俄罗斯和中国关系的未来发展仍持相当乐观的态度，这首先归功于两国已经作出的努力。从国家元首，到政府、地方、企业、银行、教育和文化机构、军事和执法部门，几乎两国的每一个公民，都彼此心存好感和深厚的友谊，这种友谊已深入人心。我想，白中友谊已经深深扎根于民心，不可逆转。

译后记

王宪举

在《白俄罗斯驻华大使回忆录》中文版付梓之际，我谨向此书主编阿纳托利·托济克等七位白俄罗斯外交使节，当代世界出版社社长丁云，此书责任编辑刘娟娟、魏银萍和姜松秀，以及参与此书翻译的贝文力团队表示由衷的感谢！同时对在百忙中拨冗为此书写序的白俄罗斯第一副总理斯诺普科夫、外交部长马克伊致以诚挚的谢意！

尤其要向赞助出版此书的南京理工大学、西安外国语大学、华东师范大学、北京第二外国语学院表示衷心的感谢！如果没有这四所大学的积极支持和慷慨资助，此书就不会这样快与中国读者见面。

中国和白俄罗斯于 1992 年 1 月 2 日建交。为了纪念中白建交 25 周年，由托济克大使倡议，临时代办沙利莫以及库兹涅佐夫、鲁萨凯维奇、哈尔拉普、托济克、布里亚、鲁德等六位大使联袂撰写了《白俄罗斯驻华大使回忆录》，并于 2017 年年初由白俄罗斯“星”出版社出版。此书涉及 20 多年的中白关系发展史，而且由大使们以亲身经历写成，其内容之丰富、史料之重要、可读性之浓郁，在白俄罗斯涉外书籍中实属罕见。

2005 年 7 月至 2011 年 8 月，我有幸在中国驻白俄罗斯使馆担任参赞，并结识了本书的几位作者——时任白俄罗斯国家监察委员会主席托济克、白俄罗斯驻独联体常务代表库兹涅佐夫、白俄罗斯信息部长鲁萨凯维奇。从明斯克卸任回国后，由于担任《中国人看白俄罗斯》《我们和你们——中国和白俄罗斯的故事》《白俄罗斯名人传》等文集的执行主编，我又结识了白俄罗斯驻华大使布里亚和鲁德先生。因此，对于他们的敬业精神、工作热忱和对华友好的态度，我有切身感受。

2017 年 2 月 21 日，托济克先生代表七位作者将此书赠予我，并在扉页上写道：“尊敬的王宪举同志，感谢您为发展白俄罗斯和中国的友谊而积极工作！”我怀着极大的兴趣阅读了此书，其中外交使节们牢记使命，恪尽职守，为发展白中全面合作而努力工作的精神，以及他们对中国人民怀有的深情厚谊，给我留下非常深刻的印象。本书真实记录了他们脚踏实地、开拓创新，为建立“相互信任、合作共赢的中白全面战略伙伴关系”所作出的重要贡献。毋庸置疑，如果没有大使们年复一年、日复一日、接力赛跑式工作的奉献，中白关系就难以取得如此丰硕的成果！

2019年1月11日，“白俄罗斯教育年在中国”开幕式在大连理工大学举行。托济克先生前来出席会议。老朋友相见，格外高兴。华东师范大学俄罗斯研究中心副主任、白俄罗斯研究中心主任贝文力副教授和我向托济克先生表示，希望把《白俄罗斯驻华大使回忆录》一书的中文版权授予我们，争取尽快在中国出版。托济克大使欣然同意。于是，我们组建了翻译团队并商定：南京理工大学外国语学院副教授、白俄罗斯研究中心副主任崔传江负责第一篇和第二篇的翻译；西安外国语大学俄语学院副教授、白俄罗斯研究中心主任余源负责第三篇和第四篇的翻译；贝文力负责两个序言和第五篇的翻译；北京第二外国语学院欧洲学院俄语系助教褚婧汝负责第六篇和第七篇的翻译；王宪举负责校对。

当代世界出版社社长丁云非常重视此书的出版，不仅把它看作是为纪念中白建交30周年的一个献礼，而且是切实加强中白关系的一项具体行动。她专门安排了刘娟娟、魏银萍和姜松秀三位责任心强、文笔好、经验丰富的女秀才作此书的责任编辑。本书能够以现在的质量和面貌闪亮问世，与她们的辛勤劳动密不可分。

最后，我还要特别感谢白俄罗斯驻中国使馆参赞罗曼·索科尔先生，他在我们联系斯诺普科夫副总理写序、筹备此书首发式等方面提供了宝贵的帮助。

国务院发展研究中心欧亚社会发展研究所研究员
中国人民大学—圣彼得堡国立大学俄罗斯研究中心副主任
王宪举
2021年11月　于北京